Lógica de Game Designer

Santiago Rada

LÓGICA DE GAME DESIGNER
Roles del Desarrollo de Videojuegos

*"Guía esencial para futuros diseñadores y
desarrolladores de videojuegos"*

Santiago Rada

Lógica de Game Designer / Roles del Desarrollo de Videojuegos / Santiago Rada ; editor literario Amazon Kindle; Ilustrado por Santiago Rada en colaboración con IA ; 2da edición - Mar del Plata, Buenos Aires, Argentina: Rada Santiago, 2023.

186 p. : il. ; 14.8 x 21 cm. - (Lógica de Game Designer)

ISBN: 9798852468598

1. Lógica de Game Designer. Santiago Rada, ed. lit. Amazon Kindle

Primera edición *Julio 2023*
Segunda edición *Septiembre 2023*

REPÚBLICA ARGENTINA

www.aedrostudios.com/gamedesign

ÍNDICE

Prefacio

Lógica de Game Designer, surge con el objetivo de brindar a los futuros diseñadores y desarrolladores de videojuegos las herramientas necesarias para pensar como verdaderos expertos en su campo. Desde la creación de tipos de monstruos para una caverna hasta la definición de modelos de negocio y distribución de videojuegos, este libro será una guía esencial en su recorrido por la industria.

Con un enfoque en el pensamiento lógico que se requiere para desarrollar videojuegos de calidad, "Lógica de Game Designer" proporciona las habilidades necesarias para formular ideas con facilidad, encontrar soluciones creativas, liderar equipos de trabajo, diseñar mecánicas de juego y colaborar efectivamente con el equipo.

Este libro no solo ayudará a los aspirantes a diseñadores de juegos a pensar con lógica y eficacia, sino que también les enseñará cómo adaptar su pensamiento y habilidades a las demandas de la industria del videojuego.

Primera Parte
El arte de idear

I
Fundamentos y Tecnicismos

Para comenzar este capítulo y acompañar al lector a un mayor entendimiento sobre todos los temas, tecnicismos, roles y funciones tratadas a lo largo de este libro, este primer capítulo contará con todas esas definiciones claves para que, más allá de tu nivel de conocimiento sobre esta materia, todo se convierta en una lectura amena de aprendizaje sobre una de las, para quien escribe, mejor disciplina profesional que existe, el Game Design o Diseño de Juegos en nuestra lengua.

En el sinfín de lecturas o contenido audiovisual que puede encontrarse en libros, redes sociales, sitios web o cualquier otro medio físico o digital sobre el diseño de juegos, podrá aprender una gran cantidad de herramientas e interiorizarse de temas tan complejos como sea posible sobre la psicología, filosofía, geografía e historia que, con el debido tiempo, lo acompañaran a convertirse en un excelente Diseñador de Juegos; cabe resaltar el título "Diseño de Juegos" ya que este es capaz de diseñar conceptos lúdicos los cuales pueden interpretarse por los usuarios finales de distintas maneras. Un diseño lúdico creado por un Game Designer puede ser un videojuego de consola, de computadora, un juego de mesa con o sin tablero, un concepto utilizado para aprender una disciplina en jóvenes o adultos, entre otros fines. Nuestra idea principal para los tomos de "Lógica de un…" es enfocar a futuros desarrolladores, artistas, programadores, diseñadores, guionistas, ilustradores, músicos y tantos roles como llevemos a cabo en el camino correcto o al menos para quien escribe, "en el camino del éxito ordenado por las ganas de aprender, y la emoción de probar".

Apenas comenzamos y es muy probable que ahora mismo te estés preguntando: *"¿Qué significa que un concepto sea lúdico?"*

Conceptos Lúdicos

La idea de que un concepto sea lúdico hace referencia o por consecuencia lo relaciona con el juego o la diversión. Tomar un enfoque lúdico en un concepto implica que este se utilizará desde una perspectiva creativa y emocionante con el fin de presentar una idea o la resolución de un problema de manera entretenida y atractiva para sus usuarios finales. Para que un Game Designer pueda crear un concepto lúdico debe tener múltiples modelos y enfoques en mente, entender que es el setting, las constraints, las dimensiones y las dinámicas núcleo entre muchos otros temas, prepárate porque ¡es momento de explicar toda esta teoría! *¿Cómo un Game Designer puede crear conceptos lúdicos?*

Procesos de Game Design

Un Game Designer es un profesional de la industria de los juegos que se encarga de diseñar y crear la experiencia de juego para los jugadores. Para llegar a la idea de crear conceptos lúdicos, este debe tener algunos conocimientos en varias ramas que en su suma, forman la labor de diseñador.

Setting

Empezando por el **Setting** podríamos decir que este es un componente fundamental para la construcción de un concepto lúdico ya que este representa el lugar y periodo donde transcurre la historia, incluyendo también el contexto cultural y sociológico, así como el tema, los personajes y el estilo visual. Sería esperable que el lector crea que se tratan demasiados temas dentro de una sola palabra "Setting", pero esta es solo una definición rápida, en sí setting también representa la creación del mundo o universo ficticio con todo lo que lo compone.

Hacer una lista de todos estos conceptos y definirlos puede ser un poco tedioso para el lector, sobretodo teniendo en cuenta que las definiciones de algunos de estos temas son realmente muy extensas con variedad de tipos y ejemplos, por lo que los dividiremos a lo largo de este libro para que la información entre en su cabeza poco a poco en la lectura del mismo.

Para no estirar más el tema, cuándo un Game Designer desea construir un concepto lúdico necesita tener conocimiento en escritura creativa, diseño gráfico, informática (solo en caso de tratarse de un videojuego), habilidades comunicativas, liderazgo en muchos casos, metodologías de ideación creativa, organización de conceptos y herramientas de colaboración para equipos de trabajo. También debe tenerse en cuenta que el Game Designer trabaja en estrecha colaboración con otros profesionales de la industria de los videojuegos, como programadores, artistas, escritores y productores, para diseñar y desarrollar juegos atractivos y emocionantes lo que supone muy comúnmente afrontar nuevos y distintos retos no solo a sus conocimientos o experiencias sino también a su rol de liderazgo, comprensión de las tareas de los distintos roles y en esencia a su posición obviamente digna de Gamer de la industria.

Tanto este rol como la gran mayoría de los roles que componen el diseño de videojuegos, además de sus obvios títulos personales, también cuentan con su propio título de Gamer Profesional. Aunque esto no es un requerimiento para formar parte de esta industria de todos modos se vuelve un aliado casi indispensable cuando se trata de formular ideas, comprender conceptos, encontrar soluciones a problemas de diseño o jugabilidad, entre otras cosas.

Que la forma a través de la cual muchos artistas o diseñadores resuelven problemas de diseño, jugabilidad, código o cualquier otro problema que se presente en el desarrollo sea basándose en su experiencia al probar distintos títulos triple AAA en el sector de los videojuegos o incluso juegos indie con menor cantidad de jugadores, no significa que todos en esta industria seamos unos ladrones y no tengamos ideas propias.

Esto me lleva a una pregunta clave que un Game Designer debe hacerse a sí mismo en algún punto de su carrera y responder de la forma adecuada, para a partir de este día, formular mejores ideas sin castigarse por haber "robado contenido": *¿Cómo hago que mi videojuego sea diferente?*

Diferenciar tu Idea

Existe un concepto erróneo a lo largo de la creación de nuevas ideas, principalmente en el sector de los videojuegos, en donde se espera que un videojuego por el solo hecho de ser nuevo, debe ser diferente a todo lo que se ha visto, innovar en alguna rama, o crear funciones que hagan volar los cerebros de sus usuarios. Nada más lejos de la realidad, lo que realmente hace que un juego sea diferente no es que el personaje sea un ente filosófico sin forma como nunca antes se ha visto, o que la historia se convierta en un bucle infinito imposible de finalizar a partir de elecciones que tomes y que por ende cada jugador tenga una experiencia distinta. La fórmula para crear un videojuego único y diferente a todos sus antecesores simplemente es encontrar una idea básica (que puede o no existir previamente) y dar una solución distinta. Suena a no tener sentido, asique vamos a dar un ejemplo rápido:

Mario Bros es un muy buen juego de plataformas lanzado en 1983 con una jugabilidad simple en la cual el personaje puede correr hacia los lados y saltar. (Los fanáticos de Mario Bros ahora mismo me están crucificando por esta simplificación de la idea de Mario Bros, pero tranquilos, sé que Mario es más que eso, lo que quiero decir es que su esencia, su concepto más básico, es este)

Por otro lado tenemos también a otro favorito publicado en 1991, Sonic The Hedgehog, un erizo azul que corre de lado a lado agarrando monedas y puede saltar.

La esencia de estos dos videojuegos publicados con 8 años de diferencia es la misma, un personaje carismático que corre de lado a lado y puede saltar, pero todos los lectores estarán de acuerdo que al jugar cualquiera de estos dos títulos la experiencia que se tiene es muy distinta.

En Mario Bros. La idea es que a partir de estas mecánicas básicas ya mencionadas se pueda avanzar por el nivel, agarrar monedas, hacerse grande y fuerte al ingerir un hongo rojo (algo muy raro si me lo preguntan) y rescatar a la princesa Peach del villano Bowser. A lo largo de los años esta historia fue ligeramente modificada, se añadieron más personajes y en algunos juegos se les dió mayor profundidad a cada uno pero volviendo a este primer Mario Bros.

¿Qué es lo que realmente hizo que Mario y Sonic sean tan distintos?

Recorramos la historia de Sonic, la trama de este primer videojuego sobre el erizo es muy simple pero eficaz: El Dr Eggman, también llamado Dr. Robotnik, quiere conquistar el mundo y Sonic debe enfrentarse a sus planes malvados para evitarlo; para esto cuenta con una fuerte e interesante habilidad que le otorga gran velocidad, dinamismo y carisma a este videojuego, doy por hecho que todos los lectores saben a qué me refiero. El erizo azul tiene la gran habilidad de rodar en forma de bola para atacar a sus enemigos, lo que también le permite ganar impulso y moverse por el mapa con una increíble velocidad, hacer giros interesantes y obviamente, agarrar monedas.

Recapitulando la historia de estos dos videojuegos, podemos ver que Sonic The Hedgehog tiene más carisma y puede volverse más entretenido por su velocidad y habilidades, pero aún así una vez que revisamos los números, nos encontraremos con que Mario Bros tiene más de 630 millones de juegos vendidos a lo largo del mundo mientras que Sonic ha vendido más de 150 millones.

Una diferencia claramente notoria en la cual me interesa apoyarme para responder la pregunta inicial que trajo a estos íconos de los videojuegos como ejemplo:

¿Cómo hago que mi videojuego sea diferente?

La esencia de estos dos gigantes de la industria es la misma, aún así, ambos títulos se volvieron íconos de los cuales nos sorprendería que alguien nos hablase de nunca haberlos probado, podemos ver además que uno de ellos supera en ventas casi en un x5 a comparación del otro, ¿cuál es la conclusión? Como comentamos al inicio de este capítulo la conclusión y respuesta a esta pregunta debe dársela a sí mismo cada Game Designer previo a su proceso creativo, pero como no tenemos forma de afirmar que el tema ha sido comprendido en su totalidad le pedimos al lector que piense en esta conclusión antes de saltar a la otra página en la cuál explicaremos nuestra conclusión para limpiar cualquier duda.

Lo único que se necesita para que tu videojuego sea diferente es otorgar al usuario una experiencia de juego distinta, no importa si su historia es idéntica a otras miles, o si sus personajes son los mismos que otros cientos de juegos. Lo que realmente importa es que el jugador pueda recordar su experiencia al momento de jugar tu juego por sobre otros. Si un jugador por ende define tu juego como una copia de otro, significa que su experiencia de juego fue muy similar, como Game Designers tenemos que tener en cuenta que el jugador promedio no compara personajes, narrativas, guiones, misiones, resolución de problemas o géneros, en su inconsciente lo único que puede comparar es cómo se sintió al jugarlo, entender la mente de nuestros usuarios es lo que puede convertirnos en Game Designers de éxito.

Si llegaste a este punto debo entender que has formulado tu propia conclusión sobre una de las preguntas fundamentales para un Game Designer, tu respuesta entonces puede ser similar o no a la nuestra ya que realmente es una pregunta compleja y hay muchos aspectos a tomar en cuenta los cuáles no mencionamos.

Sería correcto por ejemplo decir que "es importante que el juego sea atractivo, emocionante y desafiante para los jugadores, pero no necesariamente debe ser algo completamente nuevo, lo que hace que un juego sea diferente es la forma en que se ejecuta y cómo los jugadores interactúan con él". Si tu respuesta entonces hace alguna referencia a la importancia de la interacción de los usuarios con el videojuego da por hecho que estás en el camino correcto, y si es así, ¡Felicidades! Casi eres un Game Designer, ahora vamos a meternos en temas un poco más complejos para ayudarte a llevar a cabo tus distintas labores y que con el tiempo seas el mejor Game Designer que jamás haya existido, Empecemos.

II
El método de las 5 Preguntas

Cuando un Game Designer se sienta sobre su silla de escritorio, abre una aplicación de notas o un cuaderno con anillas y escucha música Chill con la idea de comenzar a crear es muy común que el solo hecho de preparar la situación para que vengan las ideas haga que estas en realidad sean espantadas. Para evitar esta triste realidad y espantar todas las ideas de tu cabeza, existen varios métodos, pero comencemos por el aclamado método de las 5 Preguntas.

El método de las 5 preguntas consiste en imaginarte en el proceso de juego y preguntarte a ti mismo como personaje dentro de este videojuego estas 5 preguntas fundamentales:

1. ¿Cómo gano?
2. ¿Cómo pierdo?
3. ¿Cómo me recompensa el juego?
4. ¿Cómo soy retado?
5. ¿Se puede hacer más simple?

Cómo ganar

Al consultarte a ti mismo cómo puedes ganar el videojuego encuentras tu objetivo, y a partir del entendimiento de tu objetivo es altamente probable que logres hallar otros conceptos importantes cómo el género del juego, su público objetivo, sus dimensiones, la profundidad del mundo que lo rodea o incluso sus personajes. Llevar a cabo estas preguntas es dejar volar la mente sobre un mundo ficticio que a través de código puede volverse realidad, por lo tanto la idea de responder las 5 preguntas no es quedarse con la respuesta simple y tampoco pensar demasiado en cada respuesta.

Si tomamos la opción de elegir la respuesta simple podríamos decir que la forma de ganar en The Legend of Zelda: Ocarina of Time es rescatar a la princesa y detener a Ganondorf, pero al elegir esta respuesta rápida estaríamos obviando la trama detrás de la búsqueda de los objetos necesarios para vencer a Ganondorf, involucrando viajes en el tiempo, profecías, la Trifuerza y el destino del héroe elegido. Además, el juego explora temas como la amistad, la responsabilidad, el sacrificio y el poder corruptor de la ambición; entendemos entonces que la respuesta simple no siempre es la mejor ya que no nos otorga todos los detalles que requerimos en esta instancia, podemos decir entonces que esta primera pregunta requiere una gran cantidad de detalles. ¿Qué pasa entonces si en lugar de elegir la respuesta simple pensamos demasiado en la respuesta?

Cuando pensamos demasiado caemos en el gran error de creer que ninguna respuesta es suficiente, algo muy similar a lo que se conoce como "poner la vara muy alta", podemos entonces pensar en una historia de terroristas, de pacifistas, hablar sobre problemas políticos, hablar sobre el control de los elementos o sobre superhéroes y villanos y aún así creer que todo esto no es un buen material para un videojuego.

La clave de esta primera pregunta es unir tu respuesta a otro método muy interesante llevado a cabo por grandes diseñadores y es el *método de la Doble Pregunta*, supongamos entonces que tu respuesta a esta pregunta es:

- "Para ganar debo conquistar las plantas de energía situadas en el mapa"

El método de la doble pregunta entonces explica que a cada respuesta que podamos tener debemos hacerle otra pregunta que revise más posibilidades o explore lo creado hasta el momento, por ejemplo:

- ¿Cuántas plantas de energía hay en el mapa?
- ¿Por qué esa cantidad?
- ¿Somos los únicos que deben conquistarlas?
- ¿Cómo las conquistaremos?

A partir de todas estas preguntas (o todas las que vengan a la cabeza del lector) podremos encontrar cada vez más y más detalles sobre nuestra historia que poco a poco se creará a sí misma, podemos decir que:

- Hay 4 plantas de energía a lo largo del mapa
- Son 4 ya que al comenzar la partida serán 2 para cada equipo
- No, el juego cuenta con 2 equipos de 4 jugadores cada uno
- Para conquistarlas, un miembro del equipo deberá controlar la energía interna y otro la energía externa.

En base a estas respuestas y a futuras preguntas como "¿Por qué 4 jugadores por equipo?" encontraremos la trama de nuestro videojuego, a sus personajes y una mayor profundidad en todos estos conceptos. Otra cosa que el lector pudo haber notado es la connotación de cada una de las preguntas que mencionamos, si prestan atención podrán ver que cada pregunta retorna información importante en este orden:

- **Espacio:** Saber la cantidad de plantas de energía nos otorga un diseño simple y rápido de cómo puede conformarse el mapa de nuestro juego, si estamos hablando de un juego rápido en un mapa pequeño o de un MMORPG con un mapa realmente grande. Por consecuencia, esto puede otorgarnos también el género de nuestro videojuego.
- **Dificultad:** Conocer la cantidad de plantas de energía nos da un mayor entendimiento sobre la dificultad del juego.

- Esta pregunta es una de las más interesantes ya que en parte nos otorga **dificultad** al entender más sobre nuestro "enemigo", también nos otorga información sobre la **jugabilidad** ya que ahora comprendemos que se trata de un juego por partidas con 8 jugadores (4 por equipo).
- **Usabilidad y Jugabilidad:** Esta última pregunta nos ayuda a entender cómo llevaremos a cabo las tareas principales de nuestro juego a su vez que suma un efecto de colaboración entre los miembros del equipo.

Habiendo hablado sobre la utilidad de esta primera pregunta y el *método de la doble pregunta*, pasemos a la que sigue.

Cómo perder

Poder responder de forma rápida y sin pensarlo demasiado, pero otorgando tantos detalles como sea posible la forma por la cual el jugador pierde en nuestro videojuego, nos puede ayudar a encontrar otros varios conceptos.

Constraints

Los límites o también llamados **Constraints** son una referencia clara y directa a todo lo que como desarrolladores no podemos permitirnos, sea por que nuestro equipo no tiene suficiente experiencia, no contamos con un equipo tan grande, no contamos con inversión o simplemente queremos trabajar el juego durante un corto tiempo de desarrollo. Esta pregunta nos otorga los límites ya que al dictar "La forma de perder es que el equipo enemigo nos haga retroceder y conquiste todas las plantas de energía", como diseñadores podremos entender las distintas herramientas que necesitaremos para lograr esto y el tamaño mínimo del equipo necesario.

Coherencia

Comprender de qué manera los jugadores pueden ganar y perder nos da un panorama de cómo ajustar la historia (el lore) de nuestro videojuego para que su narrativa visual, guión y jugabilidad estén en concordancia, valga decir, que todo esté situado en el mismo espacio/tiempo.

Puntos Intermedios

La creación de puntos intermedios en nuestra jugabilidad también es un concepto importante llevado a cabo a partir del entendimiento del método de derrota. Al comprender cómo puede perder el jugador podremos darnos cuenta del nivel de dificultad de nuestro videojuego y a partir de este crear puntos intermedios como misiones, habilidades, roles, distintas líneas de ataque o cualquier otro elemento que ayude o acompañe al jugador a disminuir la dificultad o aumentarla si es nuestro objetivo.

Por último, esta pregunta también puede ayudarte a identificar puntos débiles en tu narrativa o jugabilidad.

Cómo generar recompensas

Una vez que conocemos el formato de victoria y derrota de nuestro videojuego, lo que de algún modo denota los límites del mismo, es hora de centrarse en lo que ocurre durante el momento de juego, empezando por la recompensa y el castigo.

La recompensa y el castigo hacia los jugadores es un concepto tratado desde los primeros videojuegos en donde se toma en cuenta una o la otra a partir de los movimientos de nuestro jugador para de esta manera hacerle entender el camino que debe seguir.

Para seleccionar que debe otorgarse al jugador hay cuatro posibles situaciones en donde se retoma la idea de recompensa y castigo de forma positiva y negativa:

Recompensa Positiva

Una recompensa positiva o incentivo se lleva a cabo cuando se le otorga algo al jugador en base a una buena acción, en un juego de puzzle colocar las cajas del nivel en el lugar correcto y recibir monedas a cambio. La idea básica de este incentivo es condicionar la mente de nuestros jugadores demostrando de algún modo que eso es lo que deben hacer, ese es el camino correcto.

Recompensa Negativa

Por otro lado, la llamada recompensa negativa hace referencia al hecho de eliminar un estímulo desfavorable, por ejemplo cuando en un videojuego tienes algún efecto de envenenamiento o similar y se te quita al completar el puzzle, o cumplir la misión. A diferencia de las recompensas positivas en las cuáles el jugador recibe algo a cambio, las recompensas negativas se basan en quitar algo desfavorable para el jugador.

Castigo Positivo

El enfoque de castigar a nuestros jugadores puede sonar extraño decir que tiene un lado positivo, pero este llamado "Castigo Positivo" hace referencia a que nuestros jugadores sean de algún modo afectados por sus acciones incorrectas, esto puede ser mediante la adición de un efecto que les cause daño o simplemente aumentar el número de enemigos que lo persiguen.

Castigo Negativo

Por último el castigo negativo a diferencia del positivo se centra en la eliminación de un estímulo favorable, es decir, que le quitaremos al jugador algo que le servía o lo utilizaba por el solo hecho de llevar a cabo una acción incorrecta o en el camino equivocado, por ejemplo quitar un efecto de fuerza aumentada si golpea a los aliados.

Habiendo explicado todos los modelos necesarios de recompensa y castigo es hora de volver atrás y responder la pregunta:

¿Cómo me recompensa el juego?

Basándose en los modelos de recompensa y castigo he de suponer que comprendes con qué motivo hago esta pregunta. La respuesta por ende te ayudará a tí como Game Designer a entender la lógica interna de una partida dentro de tu videojuego, que puede frustrar a nuestro jugador, que puede gustarle y cuáles son los caminos correctos e incorrectos para victoria y derrota también pensando en las respuestas a las dos preguntas anteriores.

> ## La Caja de Skinner
>
> Ejemplos para esto existen varios, el más utilizado para su
> explicación es *La Caja de Skinner* la cuál es una caja
> pequeña y cerrada con una palanca en el interior en donde
> se encuentra una rata. Si el animal presiona la palanca se
> le da una recompensa (comida o agua), lo que genera que
> mientras aprende esta recompensa se hace más probable
> que presione la palanca varias veces.

Retos para el Jugador

Aunque esta pregunta puede parecer más simple que las otras
tiene el mismo nivel de importancia ya que su respuesta radica
en dar una imagen mental casi final de lo que puede ser nuestro
videojuego al momento de programarlo, diseñarlo y probarlo,
cómo se siente el jugador, que debe hacer el protagonista, como
debe hacerlo, que otros personajes hay en escena, cómo se
desarrolla la historia, que debo enfrentarme cómo jugador, que
recompensas obtengo, que debo y que no debo hacer, son todas
las cosas, entre muchas más, que obtengo a cambio de estas
cuatro preguntas iniciales, ahora vamos a la última pregunta de
este método la cuál simplificará el tema.

Simplificación Excesiva

En algunos casos (sobre todo en videojuegos Triple AAA) esta pregunta puede no ser necesaria ya que su idea principal es la de simplificar todo lo posible, la narrativa, el arte, los personajes, el guión y todo lo que compone tu videojuego.

¿Por qué?

A raíz de lo que supone ser un desarrollador de videojuegos indie, comprenderás con el tiempo en caso de que aún no hayas llevado a cabo ningún proyecto, que las distintas etapas necesarias para desarrollar un videojuego pueden llevar demasiado tiempo incluso para los detalles más mínimos como puede ser el movimiento de un personaje o sencillamente el diseño de un menú, es por esto que mientras más simple y concreta sea la experiencia de tu idea principal más probable es que el resultado sea satisfactorio a comparación de un intento de mecánicas exageradas y cambios bruscos y complejos en la trama. Aunque volvemos a remarcar que esta no es una pregunta fundamental sobre todos los títulos, en gran medida puede acompañarte a ti y a tu equipo de desarrollo a determinar si una mecánica, narrativa, guión, personaje o misión tienen un nivel de complejidad adecuado, o si por el contrario debería ser modificado para ser más o menos simple.

Un último concepto que trataremos en este capítulo se basa en otro modelo que puedes encontrar si averiguas por tu cuenta sobre el diseño de juegos y muy similar al de las 5 preguntas, hablamos del modelo de las 5 preguntas de Hasbro.

Las 5 Preguntas de Hasbro

Hasbro, una gran compañía de juguetes y juegos de mesa principalmente, formuló su propio modelo de 5 preguntas enfocadas más que nada en los juegos de mesa pero que de todos modos pueden utilizarse en videojuegos:

1. *¿Es divertido?*
2. *¿Es desafiante?*
3. *¿No es frustrante?*
4. *¿Hay una recompensa?*
5. *¿Ofrece una experiencia nueva cada vez que se juega?*

Como el lector podrá ver, esta lista de 5 preguntas de Hasbro es realmente muy similar al método mencionado al inicio de este capítulo, con una gran diferencia.

Un poco de Historia

Las preguntas fueron creadas por un equipo de escritores de Hasbro, más concretamente dos amigos quienes, aburridos de jugar a los juegos de mesa tradicionales. Decidieron crear un nuevo juego que fuera más desafiante e informativo.

Trivial Pursuit fue un éxito instantáneo convirtiéndose en uno de los juegos de mesa más populares de todos los tiempos. Las 5 preguntas de Hasbro siguen siendo tan populares hoy como lo eran cuando se crearon por primera vez. Son una forma divertida y educativa de aprender sobre el mundo que nos rodea.

Aunque de todos modos no se establece que sea una pregunta necesaria, obligatoria y tampoco útil para todos los casos, la pregunta número 5:

¿Ofrece una experiencia nueva cada vez que se juega?

Por su propia cuenta esta pregunta es capaz de cambiar algunos conceptos quizás fundamentales pero para mejorar el camino de nuestra idea y por tanto, de nuestro videojuego final. Tener en cuenta que la experiencia del jugador sea de algún modo maleable en base a la cantidad de veces que lo juegue o a un modo de juego para ser más específico, es en sí un buen concepto del cuál partir, que puede otorgarle a tu videojuego mayor profundidad, alcance y por consecuencia ventas y popularidad.

III
Por dónde Empezar

Cuándo tenemos en mente crear nuestras propias historias ampliando nuestras capacidades como escritores de universos ficticios a través de múltiples plataformas, es normal encontrarse con el temido problema.

- ¿Por dónde empiezo?

La realidad es que al cabo del tiempo y con la debida experiencia que cada proyecto trabajado te otorga puedes comenzar por la rama que más te apetezca o por la que más cómodo te sientas como desarrollador; si aún no haz encontrado el punto clave por donde comenzar, tienes tus dudas o no haz terminado tu primer proyecto estás en el lugar adecuado.

A la hora de comenzar un nuevo proyecto sea para un videojuego, un juego de mesa o cualquier otro formato físico o digital los modelos del desarrollo de juegos sugieren 3 puntos clave a través de los cuales se puede rellenar información y generar el aumento de imaginación y creatividad necesarias para concretar una idea o concepto para un juego.

Creación a partir de la Historia

La primera y evidente forma de comenzar a formar un concepto lúdico es a través de la historia. La idea de nuestra historia puede llegar a nosotros también por varios medios, pasemos a explicar algunos para entender más detenidamente cómo funciona.

Por Referencia

El día a día de un Game Designer que no cuenta con un proyecto en desarrollo se basa principalmente en un auge inmediato de información, una explosión de contenido por todos los medios posibles los cuáles logran con el tiempo y la práctica que todo ese contenido pueda convertirse en referencia para una futura historia o idea de concepto lúdico. A lo que me refiero entonces es a ver películas, probar videojuegos, llevar a cabo nuevas disciplinas como la cocina, recorrer nuevos lugares y cualquier otra actividad que salga de lo común para tu movilidad diaria recurrente.

Con base en todo este contenido extra que llega a la mente del Game Designer es de esperarse que puedan caer varias ideas por el conjunto de conceptos que pueden o no ser similares, esto se refiere por ejemplo a ver la serie "The Flash" y luego hacer prácticas de cocina para terminar con la idea de un juego similar a *Overcooked* pero en donde los personajes son héroes con habilidades que aún no logran controlar, volando, golpeando, saltando y corriendo por la cocina para entregar la variedad de platos en el menor tiempo posible. Este concepto puede sonar algo absurdo, pero si nos ponemos en el espectro crítico de las historias de un videojuego realmente muchos grandes de la industria nunca habrían sido publicados, ejemplos como *Goat Simulator* que por más raro que suene tiene un público realmente enorme.

Por Ideación

Cuándo logramos generar un concepto lúdico a partir de nuestra propia idea es realmente poco probable que dicha idea no haya llegado a nuestra mente con base en una referencia pasada con excepción de algunos casos muy únicos. Por ende el foco que necesitamos para generar una idea desde cero es centrarnos en, valga la redundancia, crear algo nuevo, en este caso las referencias que tendremos para poder crear por ideación será **todo lo que existe**.

Aunque este concepto suene realmente amplio lo que debemos entender es por donde queremos idear, si lo que pensamos es crear un nuevo género de videojuegos, tendremos que conocer todos los géneros actuales y cómo funcionan internamente; por otro lado si queremos generar personajes únicos e incomparables tendremos que conocer todos los tipos de personajes que existen en videojuegos, sus historias y cómo se les presenta para a partir de esta información buscar los aclamados "huecos" en donde todavía no se haya experimentado.

Cómo es de esperarse por la sola idea del concepto, crear un juego por ideación es a la fecha en que se publica este ejemplar un caso muy poco posible.

Creación por Inspiración

Aunque es muy común confundir la creación por inspiración con la referencia al crear una historia son, en concepto, muy diferentes.

Cuándo queremos crear un concepto lúdico a través de inspiración de lo que estamos hablando es de aprovechar cómo suele decirse "Una idea que no explota su potencial"; a lo que nos referimos con esto es a encontrar ese personaje, esa idea, esa mecánica, esa historia, ese lugar o ese concepto que no explore todas las posibilidades que puedan surgirle. Un ejemplo de esto puede ser la creación y lanzamiento del popular videojuego *Crash Bandicoot*. En este juego seguimos la historia de Crash, un marsupial modificado genéticamente por el Dr. Neo Cortex para ser su soldado personal, quien escapa del laboratorio del villano y se embarca en una misión para salvar a su novia y frustrar los planes de Cortex de conquistar el mundo. Crash se convierte en un muy buen ejemplo para la creación por inspiración cuándo analizamos el momento en que fue publicado. Es 1996 estamos en pleno auge de la tecnología tridimensional y en base a otros juegos en 3D como el popular *Super Mario 64,* el primer videojuego en 3d, se lanza *Crash Bandicoot* y se convierte automáticamente en una revolución debido a utilizar las mismas mecánicas que un videojuego plataforma 2D con la visión en 3 dimensiones que ya contaba el videojuego ya mencionado, *Super Mario 64,* pero con una particularidad que explota fuertemente su potencial. Los creadores de Crash, la empresa Naughty Dog, vieron potencial en la industria de las plataformas tridimensionales y les surgió la idea de lo que ahora conocemos como "Streaming de Nivel" una función innovadora que permitía cargar secciones de los niveles del juego a medida que el jugador avanzaba, sin tiempos de carga significativos. Esto permitió un juego más fluido y una experiencia de juego sin interrupciones. Gracias a esta idea innovadora llevaron conceptos que ya existían en otros videojuegos y formatos a una revolución necesaria para la industria.

Volviendo al tema inicial podemos decir que la creación por inspiración es evidente que requiere de conocimiento previo, similar a crear por referencia, pero no necesariamente se centra en crear historias o personajes sino que puede optar por cualquier camino creativo, desde objetos, personajes, conceptos, habilidades, misiones o cualquier otra cosa presente en un videojuego.

Además de esta primera definición, la creación por inspiración también puede verse cuando creamos un videojuego o concepto lúdico a través de la inspiración, valga la redundancia, en un tema en específico como puede ser, los dioses griegos o nórdicos. Teniendo este punto inicial como una inspiración podemos crear una historia a su alrededor que dé por resultado videojuegos como el God of War. En este segundo caso la principal diferencia que vemos al crear videojuegos a través de este método con el método por referencia, es que cuando creamos por referencia no tenemos la noción exacta de que las ideas que plasmamos en nuestro concepto lúdico radican de ciertas secciones de nuestra vida simplemente la idea "cae" a nosotros en base a conocimientos previos, en otras palabras no estamos conscientes de que ese videojuego que mencionamos anteriormente lo creamos a partir de haber visto la serie de flash y haber practicado nuestras habilidades culinarias.

Creación por Mecánicas

Es hora de tocar un punto clave para cualquier Game Designer ya que estas son la base de un gran porcentaje del trabajo que llevaremos a cabo, las mecánicas.

Una mecánica se refiere a un conjunto de reglas o acciones que definen cómo interactúan los elementos del juego entre sí. De forma simple podemos decir que una mecánica es cualquier posible acción dentro de un videojuego, estas pueden ser tan simples como el movimiento del personaje, o tan complejas como la economía de un juego de estrategia en tiempo real.

Habiendo dado una explicación básica el lector no debe preocuparse, ante cualquier duda tenga en cuenta que la segunda parte de este libro está 100% enfocada en las mecánicas y su creación.

Volviendo al tema que nos toca aclarar, ¿Cómo podemos crear un concepto lúdico a través de una mecánica?

Crear un videojuego o mejor dicho un concepto lúdico a través de mecánicas significa llegar a una idea a partir de "algo que queremos que suceda" algo simple podría ser el movimiento de un personaje, hablando por ejemplo del videojuego *Pokémon Rubí y Zafiro* en donde -cómo muchos otros videojuegos de la saga Pokémon- existe un puzzle de hielo en donde se utiliza lo que en la industria conocemos como un "Movimiento por Colisión", este tipo de movimiento se refiere a la idea de cliquear una dirección y que nuestro personaje corra en esa dirección hasta que choque contra algún obstáculo y sólo entonces puede cambiar de dirección.

En base a esta mecánica se han creado multitud de videojuegos que explotan al máximo esta idea, algunos como el caso del popular videojuego *Tomb of the Mask* un juego sencillo de dispositivos móviles, donde el jugador hace uso de esta mecánica de movimiento para escapar hacia la zona de arriba de la pantalla. Por otro lado también podemos encontrar una multitud de títulos que utilizaron esta mecánica para decorar su jugabilidad haciendo por consecuencia que este sea más entretenido pero como una mecánica secundaria, puede ser el caso de *The Legend of Zelda*.

De Referencias a Ideas

Cómo podemos ver en estos ejemplos, y en base a todo el contenido anterior, cuándo se intenta crear un concepto lúdico o más concretamente una idea para un videojuego, es más que esperable la necesidad de una referencia, ya que estas pueden llegar a través de cualquier medio como puede ser otro videojuego, una película o serie, una nueva disciplina que se practique o aprenda, hasta una anécdota de un caso real. Esto demuestra nuevamente que mientras más información tengamos en nuestras cabezas como desarrolladores, más amplios y complejos podrán ser nuestros universos ficticios, gracias a tantas mitologías, historias, películas, personajes y anécdotas que conozcamos, cada día nos acercamos más a nuestro videojuego estrella.

IV
Aprende de tu Historia

Cuándo luego de tanto trabajo y esfuerzo al fin logras encontrar esa historia en tu interior que te motiva como desarrollador a querer implementar mil mecánicas, crear universos cambiantes con millones de personajes es muy probable que por más que lo pienses no tengas las respuestas a muchas preguntas sobre tu propio mundo, es entonces cuándo el aclamado método de las 6 preguntas de tu historia llega para ayudarte.

Las 6 preguntas para conocer tu Historia

Probablemente en este punto estarás diciendo algo como "¿Por qué los Game Designers se hacen tantas preguntas a sí mismos?" la realidad es que la idea de crear cualquier cosa a partir de que sencillamente "se te ocurra" es algo casi impensable, nada más lejos de la realidad para ser exactos. Cuándo empiezas a trabajar como desarrollador de videojuegos comienzas a notar que mientras más preguntes, mayor será tu "base de datos" sobre el videojuego que se intenta crear y mientras más conozcas no solo aumentará tu predisposición a trabajar por horas y horas en el proyecto sino también tu emoción por hacerlo, ya que trabajar por tanto tiempo en un proyecto de grandes magnitudes como lo es un triple AAA como Metal Gear Solid o *Uncharted* requiere una gran predisposición por sus participantes o de lo contrario vivirían a café y Monster.

Retomando el hilo de *las 6 preguntas para tu historia* hablamos entonces de las siguientes:

¿Qué?	¿Por qué?	¿Cuándo
¿Dónde	¿Cómo?	¿Quién?

Estas pueden ser utilizadas en el desarrollo de videojuegos para ayudar a los diseñadores a comprender mejor su proyecto y asegurarse de que están creando una experiencia significativa para los jugadores, pasemos a explicar más detalladamente el contexto de cada una de estas.

¿Qué?

En el desarrollo de videojuegos, la pregunta *"¿Qué?"* se refiere al concepto más básico de nuestro videojuego. ¿Qué tipo de juego es? ¿Cuál es la mecánica principal? ¿Qué género de juego es? al hacernos estas preguntas desde el comienzo podremos empezar a escribir documentos sobre nuestro juego y a entenderlo otorgándole profundidad no solo a su historia sino obviamente también al mundo que lo rodea y a sus habitantes.

¿Por qué?

Esta pregunta se enfoca en la razón detrás del juego. ¿Por qué se está creando este juego? ¿Cuál es su objetivo o propósito? ¿Cuál es la historia o el tema del juego?, es gracias a estas preguntas alrededor del "¿Por qué?" que el proyecto poco a poco comienza a tomar mejor forma, a partir de su objetivo y obviamente con la gran ayuda y motivación que conlleva al equipo de trabajo el entender "¿Por qué se está creando este juego?" ya que muchos títulos fracasan en su creación o incluso en su lanzamiento debido a que nunca se supo por qué se hacía lo que se hacía.

¿Cuándo?

Por otra parte, esta pregunta se refiere al momento adecuado para lanzar el juego. ¿Cuándo estará listo el juego para su lanzamiento? ¿Hay alguna fecha de lanzamiento específica que se deba considerar? ¿Hay alguna razón por la cuál esa fecha pueda retrasarse?, aunque estas son claramente preguntas importantes realmente comienzan a ser también preguntas variables ya que dependen de tu situación ante tu proyecto.

También cabe remarcar que la última pregunta "¿Hay alguna razón por la cuál esa fecha pueda retrasarse?" Es fundamental para el momento de desarrollo ya que esto ayudará a la planeación, dirección y división de tareas.

¿Dónde?

En el contexto de los videojuegos, esta pregunta se enfoca en la plataforma en la que el juego será lanzado. ¿En qué dispositivos se podrá jugar el juego? ¿Será un juego para PC o para consolas? ¿Se lanzará en dispositivos móviles?, aunque muchos creerían que esta es una pregunta para más adelante en el proceso de desarrollo, es realmente crucial tenerlo en cuenta desde el inicio ya que conociendo las posibles expansiones a otras plataformas desde el día 1, permites que todo el equipo planee las distintas interacciones e inserciones de código facilitando el trabajo futuro. Además de que al responder esta pregunta te das como desarrollador una idea de los controles que podrán utilizar tus usuarios y por ende planear habilidades, movimientos, enemigos, ataques y misiones desde esta perspectiva.

¿Cómo?

Esta pregunta se enfoca en los detalles específicos del diseño del juego. ¿Cómo será la jugabilidad? ¿Qué personajes y escenarios aparecerán en el juego? ¿Cómo se desarrollará la historia y los diálogos del juego?. Esta -aunque evidente- es la pregunta más importante de todas ya que será la encargada de ampliar en gran medida la profundidad de tus personajes, tus escenarios -por consecuencia tu universo ficticio- la jugabilidad y tantos aspectos como tú como desarrollador logres especificar.

¿Quién?

En este contexto, esta pregunta se enfoca en el público objetivo para el juego. ¿Para quién se está diseñando el juego? ¿Qué edades o intereses tienen los jugadores a los que se dirige el juego?.

Esta es realmente una pregunta de las más complejas ya que rápidamente podríamos categorizar a Street Fighter como un videojuego para jóvenes adultos, o es esto al menos lo que Takashi el diseñador y programador del primer Street Fighter, -allá por 1987- declaró como su público objetivo. Con el tiempo, notó que personas de todas las edades estaban interesados en su videojuego y fue entonces cómo a través de Street Fighter 2 en 1991, inyectó nuevos personajes y mayor profundidad re-categorizando a su público objetivo. ¿Podríamos decir que el hecho de que Street Fighter I no haya sido revolucionario para su época pero su sucesor Street Fighter II si lo haya sido es debido a la definición de su público objetivo? la respuesta es no, decir que la revolución llevada al género de videojuegos de Lucha liderada por Street Fighter II y que dió por consecuencia que su diseñador principal, Takashi Nishiyama, renunciara para crear su propia compañía de videojuegos Aicom, es solamente porque dirigió correctamente su público sería simplificar demasiado las cosas ya que el cambio llevado a cabo en este gran título de la industria fue más que solo el público, pero este pequeño cambio fue una parte de su alcance, por lo que tampoco debe desmerecerse.

Conclusión

Responder a estas preguntas puede ayudar a los diseñadores y desarrolladores de videojuegos a tener una comprensión más completa y detallada de su proyecto, lo que les permite crear una experiencia de juego más atractiva y satisfactoria para los jugadores. En algunos casos, principalmente basándose en la experiencia de los integrantes del equipo, estas preguntas pueden no ser necesarias, debido a los temas aclarados anteriormente es probable que el Game Designer cuente con la información suficiente para permitirse ir al siguiente paso del desarrollo. Pero antes de que nosotros podamos llegar al siguiente paso es momento de revisar un error típico y en el que los lectores deben evitar caer a toda costa al momento de crear sus historias.

El poder del Guión

Probablemente "el poder del guión" es un término que ya te suene conocido debido a que suele utilizarse para describir errores en la trama de cualquier tipo de historias los cuales son directamente justificadas por el guión aunque carezcan de sentido común, aplicable obviamente en videojuegos, películas, series o cualquier otro medio de divulgación de ficciones. En nuestro campo de trabajo -el diseño de videojuegos- definimos al poder del guión como algo ligeramente distinto y que a su vez puede separarse en dos términos.

El primero, el poder del guión, se presenta cuando la trama, el guión o la narrativa de un videojuego afecta negativamente a la jugabilidad o la experiencia del jugador, esta expectativa errónea que le otorgamos a nuestros usuarios puede presentarse de varias formas:

Sobre dependencia de cinemáticas: Algunos videojuegos han caído en el error de tener demasiadas cinemáticas o secuencias largas y frecuentes, lo que puede interrumpir la jugabilidad y hacer que los jugadores se sientan pasivos en lugar de participar activamente en el juego. Está de más aclarar que esto causará que nuestro jugador se sienta en muchas ocasiones excluido de los sucesos ocurridos en el videojuego.

Exceso de diálogos o textos: Si un videojuego tiene diálogos o textos excesivos y largos que no son interesantes o relevantes para la trama o la jugabilidad, puede abrumar a los jugadores y hacer que se sientan desconectados o aburridos. En estos casos hace presencia un simple pero muy eficaz inciso para el guionista de nuestro videojuego -o quién se encargue de esta labor si el equipo es pequeño- a lo que me refiero entonces es "mientras menos texto, mejor". Debido a que la aplicación de grandes párrafos es algo indispensable para los jugadores de hoy estos sólo deberían utilizarse en casos extremadamente necesarios o de formas no obligatorias como puede ser una misión secundaria o un libro encima de una mesa de la taberna de nuestro videojuego el cuál nos otorga información del mundo que nos rodea pero no es de vital importancia.

Decisiones sin repercusiones significativas: Algunos videojuegos promocionan la toma de decisiones por parte del jugador como un elemento clave de la narrativa, pero si estas decisiones no tienen repercusiones significativas en la trama o el desarrollo del juego, puede hacer que los jugadores se sientan engañados o decepcionados. Un ejemplo de esto ocurre en una de las primeras elecciones del videojuego *Until Dawn* en donde -Spoiler Alert- uno de los personajes que debemos manejar está corriendo por el bosque en busca de su hermana y se nos presenta una situación en donde tendremos que elegir entre un camino u otro; el problema de esta elección es que el resultado del camino elegido no modifica la historia ya que al final de ambos caminos este personaje morirá porque la historia necesita que así sea para poder continuar.

Guiones incoherentes o confusos: Si la trama de un videojuego es incoherente, confusa o difícil de seguir, puede afectar negativamente la inmersión del jugador en el mundo del juego y hacer que se sienta desconectado de la experiencia. Evidentemente esto no significa que todas tus historias deben ser simples, básicas o aptas para todo público, alejándonos del hecho de que puedes crear historias, conceptos y obviamente videojuegos para nichos de mercado, es decir para un grupo selecto de usuarios con ciertos gustos o características; en tus historias realmente puedes tratar tanta complejidad como lo desees siempre y cuando encuentres la forma correcta de explicar lo sucedido evitando que tus usuarios vean incoherencias o por el contrario queden confundidos.

Limitaciones en la exploración y la libertad del jugador: Algunos videojuegos tienen una narrativa lineal y restrictiva que limita la exploración y la libertad del jugador, lo que puede hacer que la experiencia se sienta demasiado guiada o restrictiva, lo que puede afectar negativamente la sensación de autonomía del jugador. Para entender mejor este punto toca aclarar algunos casos.

Cuándo hablamos de videojuegos que se centran en el cumplimiento de una historia paso a paso, es decir que no otorgan libertad alguna al jugador sobre sus actos o más bien no le permiten recorrer el mundo ficticio más allá de las reglas y limitaciones de cada tarea, es cierto que nuestro jugador podrá sentirse limitado pero esta es el realidad la menor de las probabilidades ya que en este tipo de videojuego se espera no contar con esa libertad sino por el contrario que se nos presente, evolucione y finalice una historia.

Por otro lado cuando tratamos videojuegos con mundo abierto, que dejan huecos para exploración o que experimentan con temas filosóficos sobre la misma historia, es mucho más frecuente caer en la falta de libertad del jugador por hablar de un ejemplo rápido, tenemos *No Man's Sky* un videojuego lanzado en 2016 el cuál generó mucha expectativa debido a sus promesas de un universo virtual e infinito, con la posibilidad de explorar y descubrir planetas y sistemas solares generados proceduralmente; a pesar de las grandes expectativas, los jugadores encontraron que las mecánicas de juego eran monótonas, carentes de profundidad y que la interacción con el mundo y los NPC era limitada.

En resumen, estos son algunos ejemplos en los que el poder del guión en un videojuego puede afectar negativamente a la jugabilidad, la experiencia del jugador y la inmersión en el mundo del juego. Es importante que los desarrolladores de videojuegos encuentren un equilibrio adecuado entre la narrativa y la jugabilidad para ofrecer una experiencia de juego satisfactoria.

Disonancia Ludonarrativa

Habiendo explicado el poder del guión toca hablar de la disonancia ludonarrativa. Para una persona de la industria de los videojuegos podría decirse que relacionar "el poder del guión" con este otro término, es en parte indispensable porque significan dos cosas distintas; la razón por la que lo explicamos en el mismo espacio es sencillamente porque la definición de este nuevo concepto es muy similar a la definición del poder del guión cuándo se habla de una película, serie u otro medio que no sea un videojuego.

Para que nos entendamos, la disonancia ludonarrativa es un término utilizado en el ámbito de los videojuegos para describir la discrepancia o falta de coherencia entre la jugabilidad (la mecánica del juego y las acciones que el jugador realiza) y la narrativa (la historia y la trama del juego).

En otras palabras, se refiere a situaciones en las que las acciones y decisiones que el jugador toma en el juego no se corresponden con la historia o la personalidad del personaje que está controlando. Por ejemplo, si un juego tiene una narrativa seria y emotiva, pero las mecánicas de juego son absurdas o no tienen sentido en el contexto de la historia, se crea entonces una disonancia ludonarrativa.

Esto puede causar una desconexión o falta de inmersión del jugador en la historia, ya que puede sentir que las acciones que realiza en el juego no tienen un propósito o sentido coherente. También puede afectar la percepción del personaje y la empatía del jugador hacia él, ya que las acciones que realiza pueden parecer incoherentes con su personalidad o motivaciones establecidas en la historia.

Este concepto es un aspecto importante a tener en cuenta por un Game Designer, ya que una narrativa coherente y bien integrada con la jugabilidad puede mejorar la experiencia del jugador y hacer que la historia del juego sea más impactante y significativa. Por lo tanto, es fundamental que los desarrolladores de juegos busquen un equilibrio entre la jugabilidad y la narrativa para evitar la disonancia.

Disonancia en The Last of Us

En el juego, el jugador controla a Joel, un hombre que debe llevar a una niña llamada Ellie a un grupo de científicos que pueden encontrar una cura para la infección que ha convertido a la mayoría de la población en caníbales.

La historia del juego está llena de momentos emotivos y conmovedores, y los personajes están bien desarrollados. Sin embargo, el Gameplay del juego se basa en la violencia y el combate. Esto crea una disonancia entre la historia y el Gameplay, ya que el jugador está constantemente matando a enemigos que, en última instancia, son víctimas de la misma infección que Ellie.

Sin embargo, algunos jugadores pueden encontrar que la disonancia añade una capa de complejidad y profundidad al juego demostrándonos que al conocer todos estos conceptos podemos evitarlos o aplicarlos a beneficio específico de cada uno de nuestros proyectos.

V
Resolución de Problemas

Para este último capítulo de la primera parte de Lógica de Game Designer es hora de tocar un tema crucial para lo que significa nuestro trabajo en esta industria. Mientras nos sentamos en nuestra silla de escritorio a terminar de documentar nuestra idea, creamos mecánicas fingiendo ser nuestro protagonista vistiéndonos con túnicas y sombreros o exploramos una nueva disciplina solo para intentar alcanzar esa idea innovadora que le hace falta a nuestro concepto actual, debo decirte que siempre, sin falta, surgen errores.

La idea de desarrollar un videojuego sea solo o en equipo desde cero a completarlo y publicarlo sin cometer ningún error es algo realmente indispensable, la realidad de un Game Designer es que en el transcurso pueden surgir miles de errores y será tu trabajo -en la gran mayoría de los casos- solucionarlos y mantener en calma al equipo ante el pánico de la posible ruptura de este mundo ficticio. Es por esto que durante todo este capítulo te presentamos algunos ejemplos, métodos y modelos a seguir para resolver la gran mayoría de los problemas que puedan presentarse ante ti, cabe aclarar que lo que aprenderás en las siguientes páginas es la información necesaria para hacer una búsqueda efectiva, encontrar soluciones, reunir información del problema, documentar y evitar problemas futuros pero como es evidente no te daremos las soluciones a dichos problemas sino más bien las herramientas para que puedas encontrar esas soluciones por tu cuenta.

Soluciones Creativas

Uno de los errores más comunes al crear un concepto lúdico es la falta de lógica o información inicial sobre el punto de partida a través del cuál se comenzó la idea. Si tu videojuego lo pensaste partiendo de la historia, es decir su narrativa, un error lógico o de concepto puede presentarse por ejemplo en un caso como este:

"La búsqueda del tesoro verdadero" es un emocionante juego de acción y aventura en tercera persona, ambientado en un vasto mundo abierto. El jugador asume el papel de un intrépido paleontólogo, ansioso por descubrir los tesoros ocultos de la historia. A lo largo del juego, el jugador se embarcará en una misión épica para encontrar el tesoro verdadero, enfrentándose a desafíos y enemigos en diversos entornos como ciudades, pueblos, bosques, montañas y desiertos.

Lo que hace que "La búsqueda del tesoro verdadero" sea único es su innovador sistema de puzzles procedurales. Cada búsqueda del tesoro presenta un nuevo acertijo o rompecabezas generado por una inteligencia artificial, lo que garantiza que cada partida sea única y desafiante con un aumento de dificultad. A medida que el jugador avanza en el juego, los puzzles se vuelven más complejos, lo que requiere ingenio y habilidad para resolverlos."

Aunque este resumen suena muy bien como definición de un videojuego presenta un error claro y fundamental si no se especifica más sobre el tema, tengamos en cuenta que esta descripción de nuestro videojuego será leída por todos los miembros del equipo y toda la información que no esté correctamente detallada en base a su funcionamiento o cómo deberá verse, quedará a completa interpretación de los lectores. El principal error que podríamos encontrar en esta descripción es: ¿Cómo funciona ese sistema de puzzles procedurales?

Si como leemos, una inteligencia artificial es la encargada de crear de forma procedural los distintos puzzles y aumentar su dificultad con cada repetición, es decir con cada nuevo puzzle, esto significa que al cabo de 100 o 200 niveles, "La búsqueda del tesoro verdadero" comenzaría a ser imposible de jugar debido a su altísimo nivel de dificultad. Puede parecer algo exagerado debido a que seguramente el lector estará pensando que es obvio tener limitaciones, especificar cómo deberá complejizar o no un puzzle, entre otras posibles soluciones pero este tipo de error, los errores lógicos o de concepto, son los más frecuentes ya que todo lo que necesitas para cometerlos es olvidar describir algo de la forma detallada que se necesita. Por ende, la solución rápida y final para este tipo de errores sencillamente se basa en describir cada pequeño detalle de la forma más completa que sea posible, esto lo haremos a través de un documento llamado Game Design Document que veremos más adelante *(Pág. 172)*.

Otra problemática que puede presentarse durante el desarrollo de un videojuego es la anteriormente mencionada *Disonancia Ludonarrativa*. Cómo aprendimos en el capítulo anterior *(Pág. 55)* este concepto puede presentarse con frecuencia a lo largo de nuestra historia, sus personajes, su guión, sus misiones u objetivos por lo que será nuestro trabajo como Game Designers solucionarlo.

Para evitar la Disonancia Ludonarrativa existe un modelo de creación de historias en el cual tratamos la trama como un solo objeto y a partir de este exploramos las posibilidades a través de conexiones simples. Una idea de cómo representar esto sería crear un videojuego en donde nuestro personaje es una gota de agua. Si nuestro protagonista es una gota de agua qué sentido tendría que su ambientación sea el infierno o unas plataformas normales en un ambiente estilo desierto. Por el contrario lo que podríamos tener en cuenta en este caso sería crear plataformas en donde una gota de agua no se vea afectada y aprovechar esta característica de nuestro personaje para distintas mecánicas:

- Podemos hacer que atraviese los suelos de tierra debido a que la gota de agua es absorbida por la tierra
- Podemos también convertirla en una nube y que pueda volar cuándo su temperatura aumenta por algún factor del juego
- A su vez la podemos convertir en hielo cuándo su temperatura baje y aprovechar esto para distintos puzzles, cortando el hielo y dándole otras formas o simplemente para puzzles donde se estará resbalando constantemente.

El único espacio donde la Disonancia Ludonarrativa no se considera un problema es cuándo se trata de un videojuego de concepto absurdo. En un tipo de concepto lúdico absurdo lo que se intenta a través de varios métodos es llamar la atención del jugador constantemente con cosas que no se espera, por lo que casos como el rompimiento de la cuarta pared, personajes sin sentido como la gota de agua en el infierno o mecánicas que rompen la propia idea del juego, son aceptadas como parte de la trama y el jugador también las acepta como tal.

Evitar los Parches

Si el lector tiene algún conocimiento en videojuego sabrá que los "parches" hacen referencia a las actualizaciones que puedan llevarse a cabo en estos, pero por este capítulo vamos a olvidarnos de esta definición y hablar de los parches como el resultado de colocar algo fácil y rápido para solucionar un pequeño error en la trama o cómo ya mencionamos antes, la aparición del poder del guión.

En muchos casos al momento de desarrollar un videojuego sea en un gran o pequeño equipo, es altamente probable que tu como Game Designer te encuentres con una situación en donde por dar un ejemplo el personaje tiene dos caminos disponibles; el camino que debe tomar y el segundo camino para el cual deberás decidir su final, si utilizarlo para misiones secundarias, cerrarlo con un cartel de "prohibido pasar", agregar una limitación de nivel para que los jugadores solo puedan ingresar a partir de un punto del juego en adelante u otras tantas opciones utilizadas comúnmente en videojuegos. La pregunta entonces es ¿cuál es la solución adecuada? y la respuesta es: ninguna. Cuándo este problema se presenta ante ti puedes tomar cualquier solución que te apetezca, al fin y al cabo es tu juego, pero si nos ponemos técnicos sobre la disposición que recae en el jugador al enfrentarse durante su estado de juego ante cada una de las opciones que había disponibles para cerrar este segundo camino, veamos cuáles serían esas reacciones.

Prohibido Pasar

Este caso lo podemos poner en práctica en los primeros videojuegos de Pokémon, ejemplo Pokémon Crystal Edition, en donde la solución que se plantea para evitar el paso de los jugadores hacia este segundo camino fue colocar sillas o cajas que no les permitieran avanzar, esto en su momento no causó grandes problemas debido a la época en donde aunque cuente con estos detalles, estos videojuegos eran revolucionarios junto a sus mecánicas, su mundo, sus ideas y sus misiones. Con el tiempo esta forma de cortar el paso a los jugadores comenzó a notarse como un problema ya que se presentó en algunos videojuegos muy conocidos como el caso de *The Legend of Zelda: Breath of the Wild* el cuál muestra en pantalla un mensaje de *"No puedes ir más allá."* cuándo se llega al borde del mapa. La forma principal de solucionar este tipo de problemas cuándo lo que se desea es prohibir el paso, es a través del término "Suspensión de la Incredulidad". La suspensión de la incredulidad se refiere a la capacidad o disposición de un espectador o lector para aceptar la verosimilitud de lo que se está presentando en nuestro videojuego, a pesar de que esto pueda ser improbable o incluso imposible en la vida real. Lo que haremos entonces, es aprovechar este concepto incrustando la solución para evitar el paso en la trama de nuestro videojuego, o en cualquier acción que tenga sentido, dentro de nuestro mundo. Un ejemplo de esto es el borde del mundo en el famoso GTA V, en el que -para aquellos que no lo hayan probado- al momento de llegar al borde del mapa o del mundo como deseen llamarlo, nuestro medio de transporte sea cual sea (helicóptero, lancha, barco) comienza a tener fallas en el motor lo que concluye con el vehículo bajo el mar obligando al jugador a salir y seguir nadando, pero en el segundo en que sales del vehículo un tiburón comienza a acercarse a ti para finalmente ser devorado.

Esta, aunque es una forma un tanto agresiva de prohibir el paso al jugador, es una solución perfecta como ejemplo ya que aprovecha la suspensión de la incredulidad a través de un conjunto de acciones que podrían ocurrir en el mundo del videojuego.

Disposición de Misiones Secundarias

Utilizar un camino secundario al camino principal para disponer las misiones secundarias de nuestro videojuego es una gran idea a la hora de elegir el contenido de cada uno de los espacios de nuestro mundo. Lamento confesarle al lector que aunque parezca una solución perfecta ante el problema planteado aún quedan detalles por ver. Cuando disponemos un sendero de misiones secundarias tendremos que tener presente la importancia de cada misión, aunque el concepto de misiones secundarias abarca todas aquellas misiones que no son fundamentales para la trama, los gamers entenderán que no todas las misiones secundarias concuerdan con esta descripción básica debido a que algunas de ellas cuentan información que no es crucial para seguir la historia pero que de algún modo nutre la experiencia de juego, contándonos más sobre el mundo que nos rodea, sobre nuestros personajes o sus relaciones. A este grupo de misiones secundarias con cierto nivel de importancia personalmente me gusta llamarlas *misiones secretas*, por otro lado, las misiones secundarias que realmente carecen de cierta importancia ya que cuentan cómo el herrero de la ciudad conoció a su esposa, nos piden a nosotros como jugadores que juntemos cinco trozos de madera para poder prender la hoguera de la ciudad o nos obligan a recorrer un camino con distintos monstruos cuidando una carreta de comida sin ninguna conexión con la historia, hablamos de aquellas que realmente se ganan el título de misiones secundarias.

 Habiendo explicado esto, hablemos de los detalles necesarios al ocupar esta solución al problema previamente planteado. Lo que se debe tener en cuenta a la hora de disponer las misiones secundarias en un camino que el jugador nunca recorrerá en su sendero principal o como solemos llamarle en este campo, su ruta crítica, es no colocar misiones secretas ya que existe una alta probabilidad de que el jugador ni siquiera note la existencia de algunas de estas misiones.

> Necesitas ser al menos nivel **Game Designer** para avanzar.

Característica Necesaria

Es probable que el lector se haya encontrado en algún videojuego este último formato de solución al problema que planteamos hace un par de páginas. En videojuegos realmente conocidos como el caso de *GTA Vice City* se ha llegado a utilizar esta solución la cual se compone de un cartel o aclaración a través de algún personaje o ventana de diálogo la cuál nos informa que la zona a la que estamos queriendo ingresar no es apta para nosotros debido a que no contamos con una característica específica. Lo más común es que esta característica pueda tratarse del nivel en el que te encuentres, las misiones que hayas completado o un objeto con el cual aún no cuentas. Sería correcto pensar que esta es en realidad una solución altamente factible ya que no permite el paso de forma temporal, pero en el momento en que el jugador logre ingresar a esta zona tendrá un bonus de energía debido a la sensación de progreso que esto podría causarle. Lo único que no debemos olvidar y que es además la razón por la que no hay que abusar de esta técnica es que existe la posibilidad de que nuestro jugador pueda frustrarse si este cartel que le impide avanzar ocurre en varias zonas del videojuego.

Implementar la Imaginación

Cuándo ya tuvimos en cuenta el primero de nuestros problemas como Game Designers es momento de sentarse, pararse o acostarse a pensar la historia completa y detallada de nuestro videojuego con el fin de encontrar estos huecos por rellenar en la trama y comenzar a implementar nuestra fantástica y compleja imaginación de Diseñadores. La imaginación de un diseñador de videojuegos tiene que ser de algún modo inteligente, ya que si nos centramos en lo que puede imaginar una persona promedio podríamos decir que en un videojuego de fantasmas habría que llamar a los cazafantasmas o correr fervientemente a la hora de ver uno. Por otro lado un Game Designer debe encontrar una solución creativa que permita al jugador, entretenerse, aprender algo -que puede o no ser útil para la vida real- y asegurarse a la vez que lo que sea que decida hacer sea canónico en la historia del videojuego ya que si se decide por una acción que carece de sentido dentro del mundo ficticio se estaría aplicando una disonancia ludonarrativa y rompiendo la suspensión de la incredulidad en nuestros jugadores. Una posible respuesta de nuestra increíble imaginación de Game Designers puede ser:

- *"Cuándo el jugador se encuentre frente a un fantasma en la casa de su hermano perdido Clive, tendrá que correr hacia el armario en donde alguna vez se guardó el objeto más poderoso de todos, una máquina simple pero eficaz capaz de absorber a los fantasmas y tomar por un corto periodo de tiempo su forma, permitiendo al jugador atravesar paredes y ahuyentar a los vecinos, además de suspender momentáneamente la necesidad de dormir o comer."*

Como podemos ver en esta descripción no solo se responde al problema planteado sino que además se suelta un pequeño bocado de historia que posteriormente habrá que revisar para aquellos usuarios que ahora tengan curiosidad por el hermano Clive o el funcionamiento real de dicha máquina. La única regla que un Game Designer debe respetar para poder implementar su imaginación a la hora de resolver un problema o duda del equipo de desarrollo es que dicha solución se componga de elementos canónicos, es decir, elementos, acciones, personajes, espacios, que tengan coherencia en el mundo ficticio planteado.

Problemas del Equipo

Es momento de hablar de uno de los últimos pero más importantes problemas dentro del mundo del desarrollo de videojuegos y son los problemas de equipo. Partamos de la idea que en un equipo de desarrollo pequeño o indie, el game designer suele adquirir el rol de líder o guía para el resto de los integrantes, trabajando en conjunto con ellos cumpliendo todas las expectativas, cubriendo dudas sobre el diseño o música entre otras cosas. Al momento de trabajar en conjunto, liderar, intentar organizar o incluso en tu proceso creativo o de documentación pueden surgir varios problemas de los cuáles serás el encargado de solucionar:

Algunos integrantes de mi equipo no saben qué hacer

Aunque este parezca un problema sin sentido para el cuál no se necesita de un Game Designer sino sencillamente de mejores compañeros de equipo, la realidad no es así. Puede costar creerlo o acostumbrarse, pero si llega el caso de que algún integrante de tu equipo no sabe por dónde avanzar, que le toca hacer, cuál es su siguiente tarea o qué problemas debe resolver esto puede ser debido a la falta de documentación por parte del Game Designer, el cuál deberá detallar las tareas que hacen falta en cada rama de trabajo (programación, arte, UI, música, etc), en este campo solemos utilizar plataformas como *Trello* o *Hack N' Plan* en las cuales se nos permite crear tarjetas (tareas con sus respectivas descripciones, referencias, títulos, entre más cosas) todo esto dentro de listas que también pueden tener varios tipos: Cargos (programador, artista, etc) o simplemente su estado (pendiente, en progreso,

finalizado, etc). Es entonces a través de estas plataformas que sin necesidad de vernos, quedar para una llamada o alguna otra opción semejante, podremos solucionar este problema si anteriormente anticipamos el problema y creamos todas las tarjetas solo hace falta que ambas partes estén al tanto del contenido.

No comprendo una mecánica

Este problema es altamente probable que desaparezca con el tiempo y la experiencia generada debido a que depende nuevamente de tu nivel de conocimiento y la forma en la que explicas el contenido documentado -tengan paciencia, los documentos se explican en el último capítulo-. Cuándo un integrante de nuestro equipo nos comenta que no comprende una mecánica que nosotros desarrollamos tendremos que "bajar a tierra nuestra idea" simplificando tanto como sea posible para de esta manera lograr ejemplificarla en el paso a paso de una de las siguientes dos formas. A través de palabras. O a través de un prototipo.

Aunque no es de vital importancia que el Game Designer sepa programar ni mucho menos que se desenvuelva correctamente en este campo, si es de grandísima utilidad, por lo que si eres o tienes planeado ser un Game Designer de éxito y tienes la oportunidad de aprender algo de código, te lo recomendamos fervientemente. Si con el tiempo has logrado aprender algo de código este es tu momento de demostrarlo, una de las mejores maneras para explicar una mecánica de juego es a través de un prototipo. Un prototipo es una pequeña prueba -podríamos decir un juego demasiado simple- el cual sirve únicamente para probar y mostrar mecánicas, en algunas ocasiones suelen trabajarse además de la presentación de mecánicas también para comprobar su efectividad, si estas mecánicas tienen sentido, si funcionan, si divierten y quitarse cualquier duda del camino antes de comenzar con el desarrollo complejo de las mismas.

Segunda Parte
El camino del héroe

VI
Narrativa y Personajes

Después de tanto, al fin nos encontramos en esta hermosa y en algunos casos frustrante situación en la que debemos estrujar nuestros corazones, sacar humo por nuestros oídos y mover todos los engranajes necesarios para crear esos personajes realmente inolvidables. Probablemente la primera pregunta será por donde comenzar, pero ya que es una pregunta muy variable en la cuál intervienen demasiados temas y conceptos lo que haremos será explicar un paso a paso del método que su servidor considera el más adecuado para la creación de personajes para videojuegos en donde ya contamos con una trama, si todavía no cuentas con una trama vuelve a leer el capítulo II y forma esa historia que más adelante la necesitarás.

El método de los 5 pasos

El método de los 5 pasos comienza por **Establecer el Concepto**, esto implica definir la apariencia, personalidad, antecedentes,

¿Cómo quieres que se vea? ¿Qué rasgos de personalidad tiene? ¿Qué habilidades especiales posee? ¿Cuál es su trasfondo? Definir estas características es esencial para crear una base sólida para nuestro personaje. Ten paciencia que más adelante contaremos también varios métodos que nos acompañarán a responder todas estas preguntas. Avanzando por este modelo el segundo paso es ***Investigar y conseguir referencias***, es bien sabido por todos los profesionales de este campo que es imposible crear algo sin una referencia, aunque obviamente también existen personas un tanto reacias a la idea de necesitar referencias para todo -ya que así sienten que no están creando sino más bien copiando- una referencia nos ayuda a tener un punto de partida del cuál agregar nuestro toque y hacerlo especial. Si por el contrario a lo que este paso 2 necesita, no queremos sea cual sea nuestra razón, conseguir referencias en otros videojuegos siempre tendremos la posibilidad de apoyarnos sobre los personajes de cualquier otro medio físico o digital, pensar entonces en una leyenda urbana, en un libro, en una película, en una serie o hasta en la historia que nos contó nuestro mejor amigo el lunes pasado. Las referencias que deberemos tener en cuenta suelen separarse en dos grandes grupos, las referencias visuales (valga decir su forma, tamaño, estilo, género, vestimenta, etc) y las referencias descriptivas, es decir las características y distinta información de otros personajes que puedan asemejarse a lo que intentas crear. Si tomamos el caso de *Link,* el protagonista de la saga de videojuegos *The Legend of Zelda*, estamos hablando del arquetipo de un héroe clásico. Este es conocido por ser valiente, noble y valeroso, su objetivo principal es salvar a la princesa Zelda y derrotar a la malvada entidad de turno, su motivación por otro lado es proteger a Hyrule -la ciudad en que transcurren los hechos- y a sus habitantes de cualquier amenaza. Es comprensible decir que esta descripción puede cambiar levemente en algunos títulos de la saga, como su objetivo el cuál puede variar pero su motivación nunca se verá afectada ¿Y esto por qué?

Cuándo hablamos de la motivación de nuestros personajes deberemos tallarla en piedra con una mínima excepción de casos; de la misma forma que ocurre en nuestras vidas, todo lo que nuestro personaje haga a lo largo de una historia, como actue, como se mueva y las decisiones que tome -más allá de que sea el jugador quien decida- serán en base a su motivación la cuál podremos o no presentar de alguna forma al jugador. Si por actos del destino y la trama optamos por romper la motivación de nuestro personaje este se vería realmente afectado lo cuál puede generar dos respuestas dentro del juego que nuestros usuarios podrán captar.

La primera de estas es la pérdida del sentido del personaje, cuándo nuestro querido protagonista pierde su motivación el jugador quien sentirá la pérdida por las acciones de la trama también podrá sentir como éste desde ese punto en adelante se siente un tanto "vacío" por más que las acciones que haga sean las mismas o muy similares aún así los usuarios podrán sentir como "le falta algo" en muchos casos se podría decir "le falta alma", lo que puede llevar a un abandono del videojuego. Por otro lado, la segunda opción al perder la motivación se trata del uso de esta triste situación que puede afectar a nuestro personaje para evocar distintas emociones en nuestros jugadores, haciendo que estos se sientan más identificados por las razones que llevan al protagonista a sentirse vacío. En esta segunda opción lo que realmente hace la diferencia es la cantidad de información representada de forma indirecta, ya que para que un personaje se sienta vacío solo hacen falta 1 o 2 escenas que lo hagan ver triste, desolado, con algún tipo de pérdida y movimiento desganado, pero para que esto evoque una reacción en nuestros jugadores en donde se sientan identificados hay que explayar un poco más esa tristeza a través de distintas acciones en lugar de hacerlo a través de un texto como puede pasar en muchas novelas gráficas. Al evocar estos sentimientos en los propios movimientos del personaje, el jugador podrá sentir esa tristeza, en la que puede o no haberse visto a sí mismo en su vida en algún momento.

Siguiendo con el paso 3 del modelo de los 5 pasos para creación de personajes en videojuegos, toca hablar del ***Diseño del aspecto***, una vez que ya cumplimos con los pasos anteriores y contamos con un concepto de nuestro personaje y sus referencias -no se alteren si aún no pueden responder las preguntas, también lo detallaremos más adelante- es hora entonces de diseñar el aspecto. Este paso no es realmente muy descriptible ya que sencillamente se trata del arduo trabajo nuestro o de un artista/ilustrador de crear bocetos, sketches, dibujos, ilustraciones o como deseen llamarles de nuestros personajes desde diferentes ángulos con el fin de visualizar como se verá y en caso de ser necesario entender su tridimensionalidad. En este punto se puede experimentar con diferentes combinaciones de colores, estilos de vestimenta, peinados y rasgos faciales hasta encontrar la apariencia que mejor se adapte al concepto que establecimos previamente.

Avancemos con velocidad y vamos al paso 4, **Detalles del Personaje** en este punto ya contamos con una ilustración de nuestro personaje la cuál nos ayuda a poder imaginar con mayor efectividad y lograr responder varias preguntas que terminen por formar la personalidad, la historia de fondo y las habilidades de este. ¿Qué le gusta y qué no le gusta? ¿Cuál es su historia de vida? ¿Cómo interactúa con otros personajes en el juego? ¿Cuál es su objetivo en la trama del juego? Tengan en cuenta que definir todos estos detalles ayudará a darle profundidad y coherencia a nuestro personaje, lo que lo hará más interesante, convincente y al cabo de finalizar el videojuego, memorable por nuestros usuarios.

¡Felicidades! si has llegado a este punto tienes a un personaje completo con su propia historia, características que lo definen, personalidad, apariencia, profundidad y coherencia con la trama del videojuego, pero probablemente habrás notado que nos hemos detenido en el paso 4 cuándo el modelo que estamos utilizando se llama, los 5 pasos para la creación de personajes de videojuegos. El paso número 5 en realidad es el paso número 2, lo que ocurre es que lo movimos de lugar para poder explicarlo al final de esta lista con más detalle. El paso 2 entonces es **Definir el arquetipo**, este puede variar entre "arquetipo" o "eneatipo".

Arquetipos

Un arquetipo es un patrón o modelo de personaje que suele utilizarse en la narración y diseño de juegos con el fin de representar ciertos roles o personalidades, revisemos cada uno de ellos:

Héroe

El protagonista valiente y noble que busca saltar el mundo o cumplir una misión importante. Por lo general, posee algún tipo de habilidad especial, es valiente y tiene una fuerte ética.

Antagonista

El enemigo o rival del protagonista. Puede ser un villano malévolo, un líder de un grupo enemigo o alguien que se interpone en el camino del protagonista. Por lo general, tiene motivaciones contrarias a las del protagonista y busca frustrar sus objetivos.

Mentor

Un personaje sabio o experimentado que guía y asesora al protagonista en su viaje. Puede brindar consejos, proporcionar información y ayudar al protagonista a desarrollar sus habilidades o conocimientos.

Compañero

Un personaje secundario que acompaña al protagonista en su aventura. Puede ser un aliado cercano, un amigo o un compañero de equipo. Por lo general, posee habilidades complementarias y puede ayudar al protagonista en su misión.

Aldeano

Un personaje no jugable (NPC) que habita en el mundo del juego y proporciona información, misiones secundarias o servicios al protagonista. Pueden tener roles variados, como tenderos, habitantes de una ciudad o personas que dan pistas o consejos.

Cómico

Un personaje que aporta humor y alivio cómico a la historia del juego. Pueden ser personajes excéntricos, sarcásticos o simplemente tontos, y suelen generar situaciones cómicas o comentarios divertidos. Suelen estar representados como NPCs pero en algunos casos también pueden utilizarse para compañeros o mentores.

Sabio

Un personaje con un profundo conocimiento o sabiduría sobre el mundo del juego, su historia o su mitología. Pueden proporcionar pistas o consejos importantes al protagonista para avanzar en la trama o resolver acertijos.

Antihéroe

Un personaje que no cumple con las características típicas de un héroe, y puede tener motivaciones egoístas, ser moralmente ambiguo o tener un enfoque más cínico de la situación en la que se encuentra.

Es muy probable que al leer todas estas descripciones de los distintos arquetipos te hayas planteado algo como "no tiene porque siempre ser así", "en tal juego no era así", déjame decirte que estos son los arquetipos que podrían llamarse básicos, iniciales o vacíos, es decir que cumplen con la tarea de otorgarle un rol a nuestro personaje pero no por eso lo definen, la difícil tarea de definir a nuestro personaje se la dejan a las preguntas mencionadas en los otros pasos del modelo que estamos utilizando y a la selección de **Eneatipos**, es por esto que muy probablemente podrás haber diferido de alguna de las descripciones iniciales.

Eneatipos

Hablemos entonces de los Eneatipos, los cuales son un sistema de clasificación de personalidad basado en la teoría del *Eneagrama* que describe nueve patrones de comportamiento y motivaciones principales. Cada eneatipo tiene características distintivas que de algún modo lo hacen único.

El Perfeccionista

Tiende a ser perfeccionista, meticuloso y con altos estándares morales. Busca la perfección y lucha por mejorar el mundo a su alrededor.

El Ayudador

Tiende a ser amable, servicial y orientado a las relaciones. Busca agradar a los demás y satisfacer sus necesidades, se preocupa principalmente por el bienestar de los demás.

El Triunfador

Tiende a ser ambicioso, orientado a los logros y con una fuerte imagen pública. Busca el éxito y el reconocimiento en su campo de acción.

El Individualista

Tiende a ser creativo, sensible y expresivo. Busca la originalidad y la autenticidad en sí mismo y en los demás.

El Investigador

Tiende a ser intelectual, analítico y observador. Busca el conocimiento y la comprensión profunda del mundo que lo rodea.

El Leal

Tiende a ser leal, fiel y preocupado por la seguridad. Busca la seguridad, la orientación y el apoyo de otros.

El Epicúreo

Tiende a ser extrovertido, optimista y buscador de experiencias placenteras. Busca la diversión y evita el dolor o el aburrimiento.

El Protector

Tiende a ser poderoso, dominante y protector. Busca el control y la justicia, este puede ser impulsado por un fuerte sentido de poder y autoridad.

El Pacificador

Tiende a ser pacífico, conciliador y buscador de armonía. Busca la paz y la tranquilidad, tiende a evitar el conflicto.

Basándonos en estas descripciones de los distintos eneatipos podremos encontrar varios personajes conocidos a través de estas descripciones fundamentales, dando como ejemplo a *Joel* del popular videojuego *The Last of us* el cuál muestra un fuerte instinto protector hacia Ellie, una joven a la que se le ha encomendado llevar a un lugar seguro. Joel se enfrenta a innumerables peligros y toma decisiones difíciles con el fin de proteger y cuidar a Ellie en su peligroso viaje, lo que refleja su papel como un eneatipo protector.

Elegir un arquetipo y eneatipo para nuestro personaje nos puede ayudar de una manera rápida a otorgarle profundidad y un camino a seguir más allá del objetivo del videojuego, cuándo nuestro personaje cuenta con su propio camino a seguir independientemente del videojuego para el cuál es creado este puede lograr trascender a nuestros jugadores deseando volver a verlo en otro título.

Cuando hablamos al inicio de este capítulo sobre las distintas preguntas del paso 1 o las preguntas del paso 4 este era ese punto en donde te acompañaremos a responderlas, la gran mayoría de estas pueden responderse a través de la selección de arquetipo y eneatipo pero para responder las que falten y no explayarnos demasiado creemos un ejemplo que puede ayudarte posteriormente para la creación de tus propios personajes.

Nombre: *Aria Blackthorn*

Aspecto: *Aria es una mujer joven con una apariencia enigmática y elegante. Tiene una piel pálida, cabello negro azabache y ojos brillantes de color ámbar. Suele vestir con ropas oscuras y lleva consigo un colgante con un símbolo misterioso.*

Personalidad: *Es reservada y observadora, mostrando un aire de misterio y sabiduría. Es astuta y calculadora, siempre analizando su entorno y planificando sus movimientos con cuidado. Aunque puede parecer distante, en realidad tiene un corazón compasivo y una lealtad feroz hacia aquellos a quienes considera dignos de confianza.*

Objetivo: *Busca desentrañar un antiguo enigma que involucra a su familia y a un poder oscuro que amenaza con desencadenar el caos en el mundo. Su objetivo principal es descubrir la verdad detrás de este enigma y proteger a sus seres queridos.*

Motivación: *La motivación de Aria radica en su devoción hacia su familia y en su deseo de proteger a quienes ama. También está impulsada por su afán de descubrir la verdad y desentrañar los misterios que la rodean.*

Arquetipo: *Se ajusta al arquetipo de la "Mentora" o la "Sabia", ya que posee una gran sabiduría y conocimiento, y está dispuesta a guiar a otros en su búsqueda de la verdad y la protección de lo que es importante.*

Eneatipo: *Aria se identifica como el eneatipo del investigador. Es reflexiva, observadora y busca obtener conocimiento y comprensión profunda del mundo que la rodea. Tiene una naturaleza reservada y tiende a proteger su privacidad.*

Historia de fondo: *Ella proviene de una familia de eruditos y hechiceros de renombre, pero su linaje está envuelto en secretos oscuros. Desde joven, Aria se dedicó a estudiar los antiguos textos de su familia en busca de respuestas. Descubrió pistas que la llevaron a un peligroso viaje para desentrañar la verdad detrás de una profecía y un poder oscuro que amenaza con desatar la destrucción en el mundo.*

Otros detalles: *Aria posee habilidades mágicas y es una experta en el uso de la magia arcana. También es una hábil arqueóloga y descifradora de antiguos textos. Aria tiene un compañero animal, un búho llamado Nyx, que la acompaña en sus aventuras y la ayuda en su búsqueda de la verdad.*

Probablemente hayas quedado fascinado tanto como yo con la cantidad de cosas que se pueden crear a partir del conocimiento otorgado en este capítulo, los procesos de creación de un personaje, las preguntas necesarias, los arquetipos, los eneatipos y mucho más que falta por hablar, no nos detengamos entonces y vamos ahora a las 22 reglas de Pixar.

22 reglas de Pixar

Las *22 reglas de Pixar* son un conjunto de principios y consejos creativos para la animación y la narración de historias, desarrollados por los artistas y cineastas de Pixar Animation Studios. Estas pueden ayudarte a tí como creador de narrativas y personajes a definir un camino con profundidad, tanto en la creación de la trama de tu videojuego como la ya mencionada profundidad de tus personajes.

Aquí te dejamos un resumen breve de estas reglas pero te recomendamos que si son de tu interés averigues un poco más sobre estas 22 reglas por tu cuenta ya que explicar una a una de forma detallada llevaría a muchas páginas extra.

1. Elige bien tu idea: Selecciona cuidadosamente las ideas para tus historias y proyectos creativos.

2. Mantén el enfoque: Mantén claro el objetivo central de tu historia y no te desvíes demasiado.

3. Acepta los cambios: Acepta y abraza los cambios en la historia y el proceso creativo.

4. No te preocupes por la audiencia, preocúpate por la historia: Enfócate en contar una historia convincente en lugar de complacer a la audiencia.

5. Simplifica y enfócate: Simplifica tu historia y enfócate en los elementos esenciales.

6. Crea personajes con alma: Desarrolla personajes con profundidad emocional y conexiones con el público.

7. Haz que las cosas sean difíciles para tus personajes: Crea conflictos y desafíos interesantes para tus personajes.

8. Sé valiente y toma riesgos: No tengas miedo de tomar riesgos creativos y explorar nuevas ideas.

9. Sigue tus instintos: Confía en tu intuición creativa y sigue tus instintos.

10. Aprende de tus fracasos: Aprende de los fracasos y errores en tu proceso creativo.

11. Haz que tu historia sea única: Busca la originalidad y evita caer en clichés y convenciones.

12. No subestimes el poder de la investigación: Investiga y comprende los temas y elementos de tu historia.

13. No te rindas ante los bloqueos creativos: Enfrenta los bloqueos creativos con perseverancia y busca soluciones.

14. Revisa y mejora: Revisa y mejora constantemente tu trabajo para pulirlo y hacerlo mejor.

15. Confía en tu equipo: Confía en tus colegas y colaboradores para lograr un trabajo en equipo exitoso.

16. Mantén la claridad en la historia: Asegúrate de que la historia sea clara y comprensible para el público.

17. No tengas miedo del caos inicial: El proceso creativo puede ser caótico al principio, pero no te asustes y sigue adelante.

18. Busca el equilibrio: Encuentra un equilibrio entre la creatividad y la estructura en tu historia.

19. La innovación surge de la necesidad: La innovación y la creatividad a menudo surgen de la necesidad de resolver problemas.

20. Comunica con claridad: Comunica tus ideas y visiones de forma clara y efectiva.

21. Disfruta del proceso: Disfruta del proceso creativo y encuentra alegría en el trabajo que realizas.

22. Crea algo que te gustaría ver: Crea algo que te gustaría ver como espectador y que realmente te apasione.

Ya que ahora mismo tu cabeza se encuentra llena de información vamos a intentar darle un respiro de tantos términos, modelos, métodos, reglas y conceptos y nos vemos en el siguiente capítulo donde explicaremos detenidamente todo lo que un Game Designer necesita saber sobre la creación, planteamiento, procesos, prototipado, prueba y definición de las mecánicas de un videojuego.

VII
Mecanización

La mecanización en el contexto de la creación de videojuegos se refiere al proceso de diseñar, desarrollar y establecer las mecánicas de juego que determinan cómo interactúan los jugadores con el juego y cómo funcionan sus sistemas y reglas internas. Por otro lado, las mecánicas de juego son las reglas, sistemas, comportamientos y acciones que definen la jugabilidad de un videojuego y cómo los jugadores interactúan con el mundo virtual que se les presenta.

Este término implica la creación de las mecánicas de juego principales, como los controles del juego, la movilidad del personaje, la interacción con el entorno, el combate, la resolución de rompecabezas y otros elementos de juego. También puede incluir la creación de mecánicas secundarias, como la progresión del personaje, la economía del juego, la gestión de recursos, las mecánicas de diálogo y otras mecánicas específicas del juego.

El proceso de mecanización implica la conceptualización de las ideas de juego, la planificación y diseño de las mecánicas de juego, la implementación y programación de las mecánicas en el motor del juego o la plataforma de desarrollo, y finalmente la iteración y ajuste de las mecánicas en base a pruebas y retroalimentación de los jugadores.

Una mecanización bien ejecutada es esencial para crear una experiencia de juego atractiva, equilibrada y satisfactoria para los jugadores, y es un elemento clave en la creación de videojuegos exitosos.

Mecánicas

Cómo ya sabemos y hemos mencionado varias veces a lo largo de este libro, una de las funciones principales de un Game Designer es la creación de mecánicas, por lo que ha llegado el momento de explicar las formas a través de las cuales las crearemos.

Crear mecánicas de juego efectivas puede ser un proceso complejo y creativo. Te dejamos entonces algunos pasos generales que puedes seguir para crear mecánicas para tu videojuego:

Define tus objetivos de juego

Comprende claramente qué quieres lograr con tu juego y cuál es la experiencia de juego que deseas ofrecer a los jugadores. Define los objetivos de juego que quieres alcanzar con tus mecánicas. Esto, aunque es un muy buen punto de partida no siempre es el primer paso, en algunos casos como ya hemos mencionado puedes comenzar la creación de tu videojuego a través de la trama, los personajes o valga la redundancia, una mecánica.

Investiga y analiza

Investigar y analizar otros juegos similares o que sean referentes en el género o estilo de juego que deseas crear se volverá con el tiempo tu mejor amigo ya que es una de las tareas más frecuentes y en la que probablemente dediques demasiado tiempo. Examina las mecánicas de juego utilizadas en esos juegos y analiza cómo funcionan y cómo contribuyen a la experiencia de juego. Además debes tener en cuenta que es lo que debes examinar para cada caso, ya que puedes contar con distintas referencias para una gran variedad de mecánicas; tener un juego en mente para el movimiento del personaje, otro para los escenarios y su interacción con los NPCs, otro para los ataques de criaturas hostiles, etc.

Diseña tus mecánicas

Crea un diseño inicial de las mecánicas de juego que quieres implementar en tu juego. Esto puede incluir la definición de las reglas, acciones, sistemas y comportamientos que los jugadores podrán realizar en el juego. En muchas ocasiones comprendemos que dictar directamente "diseñá tus mecánicas" puede sonar algo abrumador si no lo has hecho antes, ya que no sabes de donde sacar ideas, cómo innovar, cómo evitar ser como el resto. Por este lado los únicos consejos que podemos darte son:

1. Juega tanto como puedas o en su defecto mira tantos gameplays como puedas para entender el mundo de los videojuegos, su trazabilidad, la expectativa que genera en los jugadores, la profundidad que maneja, entre otros términos importantes.

2. Copia, roba y haz tuyo como tal un concepto, mecánica o idea de otro videojuego con la sola idea de aprender de esta. Cuándo decidimos crear una mecánica muchas veces solo damos con la idea sin entender los problemas que esta puede llevar, es por eso que robar una idea de otro puede ayudarnos a quitarnos el problema de crearla y explicarla y por consecuencia centrar toda nuestra atención en los problemas que esta puede evocar en nuestro videojuego, no solo referente a posibles bugs o errores sino también a la incorrecta utilización por parte de nuestros jugadores.

Prototipa y prueba

Crea prototipos de tus mecánicas de juego y pruébalos para obtener retroalimentación de los jugadores y ajustarlos en consecuencia. La iteración es un proceso importante en la creación de mecánicas de juego efectivas. Cómo ya habíamos mencionado anteriormente no es fundamental que un Game Designer sepa programar pero en caso de tener este conocimiento siempre tendrás la posibilidad de utilizarlo a tu favor para ejemplificar y crear prototipos que te ayuden a demostrar la efectividad, practicidad y diversión que puede generar una idea o mecánica.

Equilibra y ajusta

Una vez que hayas logrado crear tus primeras mecánicas -o las hayas robado de otro, da igual- asegúrate de equilibrarlas enfocándose en que sean justas y desafiantes, pero no frustrantes. Ajusta las mecánicas según la retroalimentación de los jugadores o testers y realiza pruebas exhaustivas para asegurarse de que funcionen de manera adecuada.

Hazlo divertido y significativo

Busca crear mecánicas de juego que sean divertidas, emocionantes y significativas para los jugadores. Considera cómo las mecánicas de juego pueden generar interacción, desafío y recompensa para los jugadores. Para poder entender mejor este punto, más adelante en el capítulo 10 hablaremos sobre la diversión en la psicología humana para que esto de algún modo nos ayude a comprender lo que puede causar una idea o mecánica en la mente de nuestros usuarios.

Considera la accesibilidad

Asegúrate de que tus mecánicas de juego sean accesibles para diferentes tipos de jugadores, incluyendo aquellos con discapacidades o limitaciones físicas. Aunque esta es una buena práctica a la hora de crear un videojuego también es dependiente de tu idea inicial ya que si lo que deseas es crear un juego de nicho para personas de gran conocimiento en videojuegos el cuál será complejo desde sus inicios entonces la accesibilidad que deberás tener en cuenta también se basa en este nicho. Por ejemplo podemos decir que no será necesario un tutorial del movimiento si nuestro público objetivo son usuarios experimentados.

Crear mecánicas de juego efectivas requiere un equilibrio entre la creatividad, la prueba y error, la iteración y la atención a los detalles. Es importante tener en cuenta la experiencia de juego que deseas ofrecer y cómo las mecánicas de juego contribuyen a esa experiencia en general. Una vez que has contemplado todos estos puntos es hora de verificar de algún modo la fortaleza y debilidad de cada una de las mecánicas que ya tengas planteadas para tus videojuegos. ¿Cómo saber si una mecánica es realmente buena, si es suficiente para el jugador, si realmente está bien fundamentada? Eso mismo nos toca evaluar y lo haremos a partir de nuevamente, unas cuantas preguntas.

¿Tiene sentido con la historia?

Está primera pregunta es fundamental ya que una mecánica que no tenga sentido con la historia del videojuego como tal debe ser borrada automáticamente, por dar un ejemplo rápido podemos hablar de una mecánica de salto en un juego de tortugas para el que no esté interiorizado, las tortugas no pueden saltar. Una mecánica fuera del sentido de la historia genera lo que ya comentamos en capítulos anteriores y es conocido como disonancia ludonarrativa.

¿Es importante su aparición?

Esta pregunta tiene un poco de complejidad ya que no todas las mecánicas de un videojuego son realmente importantes para el juego en sí, ya que en lugar de hablar de una mecánica de ataque necesaria podemos estar hablando del hecho de poder hacer explotar gallinas en *Counter Strike 1.6*, aunque no es una mecánica para nada importante otorga un espacio básico de diversión para el jugador a modo de Easter Egg.

¿Es necesaria por un motivo del Guión?

Otra pregunta realmente fundamental, cualquier mecánica para la cual su existencia se basa en el guión del videojuego, se deberá considerar automáticamente innecesaria. Como mencionamos en un capítulo anterior, el poder del guión es una de las peores causas a través de las cuales una historia puede fracasar, por lo que esta mecánica probablemente aparte al jugador de la zona de juego, en muchos casos haciéndole cuestionar la existencia de esta acción o llamando su atención al diseño del juego en lugar de solo seguir la historia. Aunque existen unas muy breves excepciones a esta regla que detallamos más específicamente en el segundo libro "Debates y Potenciadores del Diseño de Videojuegos.

¿Es necesario ese nivel de complejidad?

Esta última pregunta es muy similar y se toma en cuenta por los mismos motivos que la última pregunta del método de las 5 preguntas para creación de historias la cuál si recuerdas bien era *¿Puede ser más simple?* Ya que al hablar sobre el nivel de complejidad de una mecánica o la historia en sí, debe tenerse en cuenta todo lo que la engloba, no solo la trama, el guión y el resto de mecánicas a su alrededor, sino también en qué situación es presentada y con qué nivel de ayuda hacia el jugador. En otras palabras, si existe o no una implementación ligera a modo de tutorial o enseñanza, además de plantearse la duda inicial de si este tutorial es realmente necesario o puede prescindirse de él.

Habiendo comentado todo o al menos la gran mayoría de la información básica e inicial para la creación, evaluación y proceso de una mecánica, toca hablar poco a poco de temas ligeramente más complejos.

Mecánicas Combinadas

El proceso de mecánicas combinadas aunque en muchas ocasiones puede generar un mal resultado, es en sí una gran idea para decorar, complejizar y diferenciar nuestro videojuego entre la competencia que podemos encontrar en el mercado. La idea de combinar mecánicas es tan simple como suena pero es realmente difícil hacerlo bien. Para combinar mecánicas todo lo que necesitamos es 2 o más conceptos presentes en modos de juego, géneros o tipos de videojuegos distintos. Se trata entonces de agarrar una mecánica presente en un videojuego deportivo y otra mecánica de un juego de disparos y unirlas en nuestro videojuego intentando darle sentido con la historia, pero siempre tomando en cuenta los puntos mencionados anteriormente -nunca aprovechen el poder del guión-.

La razón principal de que sea un concepto tan difícil de aplicar de forma efectiva es que las mecánicas que combinamos nacen de dos tipos de juegos diferentes por lo tanto el público objetivo de estas también será distinto. Todo puede salir mal y generar una mala experiencia de juego si en un videojuego con aspecto simple de puzzles en los que la idea es pensar cómo resolver los distintos puzzles a través de la lógica agregamos una mecánica de un shooter (juego de disparos) o un fighter (juegos de pelea), ya que estas normalmente requieren una experiencia o conocimiento previo en el que actúa nuestra habilidad motriz, algo que en un videojuego de puzzles podemos decir que no se practico previamente, frustrando al jugador que no espera este tipo de mecánicas en un juego de este género.

MDA Framework

Otro concepto importante para este espacio de mecanización es el MDA Framework, un modelo conceptual utilizado en el diseño y desarrollo de videojuegos que representa las interacciones entre los tres elementos clave de un juego: Mecánicas, Dinámicas y

Estéticas. El nombre MDA realmente viene de mechanical, dynamic and aesthetic, en donde el último término (aesthetic) no es exacto llamarlo estética y ya veremos porqué pero es su traducción más similar. Fue propuesto por Robin Hunicke, Marc LeBlanc y Robert Zubek en su artículo "MDA: A Formal Approach to Game Design and Game Research" en 2004 y se ha vuelto una metodología muy interesante a tener en cuenta para cualquier desarrollo de un videojuego. Este concepto se compone de tres elementos:

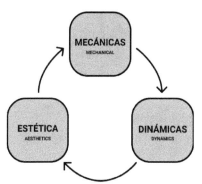

Figura 1. En la práctica creamos las mecánicas que conducen a las dinámicas y estas a su vez generan como resultado la estética (respuesta emocional de los jugadores).

Mecánicas

Son las reglas y sistemas que definen cómo los jugadores interactúan con el juego. Incluyen las acciones y actividades que los jugadores realizan, las opciones disponibles, los sistemas de juego, la física del juego, las interfaces de usuario, los objetivos y los desafíos. Las mecánicas son la base del diseño del juego y determinan la jugabilidad del mismo.

Dinámicas

Son los resultados de la interacción del jugador con las mecánicas del juego. Incluyen cómo los jugadores experimentan y se involucran emocionalmente con el juego, cómo los jugadores toman decisiones, cómo evoluciona el juego a lo largo del tiempo y cómo los jugadores enfrentan desafíos y resuelven problemas. Las dinámicas son la "experiencia del jugador" y son el resultado de la combinación de las mecánicas del juego con las elecciones y acciones de los distintos usuarios.

Estética

Es la apariencia y estilo del juego, incluyendo los gráficos, sonidos, música, historia, personajes, ambientación y todo lo relacionado con la presentación y la atmósfera del juego. La estética es lo que crea la experiencia sensorial y emocional del juego, y puede influir en la percepción y la conexión emocional de los jugadores con este. Mencionamos anteriormente que estética no es la traducción perfecta de este término sencillamente porque, como acabas de leer, se incluyen todos los aspectos emocionales y sensoriales que podemos percibir como seres humanos a través de las distintas interacciones disponibles en nuestro videojuego.

El MDA Framework propone que las Mecánicas son la base del diseño del juego, que las Dinámicas son el resultado de la interacción entre las mecánicas y las elecciones de los jugadores, y que la Estética influye en cómo los jugadores experimentan y se involucran emocionalmente con el juego. Este modelo entonces se ha utilizado ampliamente en la industria del diseño de videojuegos como una herramienta para analizar y comprender cómo los elementos del juego interactúan entre sí y cómo afectan la experiencia del jugador. Conocer este concepto de MDA, nos ayuda principalmente a nosotros como diseñadores en proceso de evolución a basarnos en cada uno de los tres puntos al momento de crear nuestras mecánicas.

Una vez que trabajamos nuestras mecánicas según todo lo planteado en este capítulo, es decir los pasos iniciales, las referencias, las preguntas necesarias, las combinaciones y más, toca pensar en cómo esta mecánica afectará a todo lo que la rodea, en otras palabras de qué manera interactúa con el mundo de juego y que acciones repercuten en él por la existencia de dicha mecánica, a su vez deberemos pensar en lo mismo en base a la interacción con el jugador y otros personajes. Por si no se entendió a lo que nos referimos es al arduo proceso de crear las dinámicas.

Creación de Dinámicas

Un videojuego realmente comienza a crecer y de algún modo valerse por sí mismo y en consecuencia lograr una experiencia de juego significativa y diferente para distintos jugadores cuando las dinámicas entran en juego entrelazando conceptos, mecánicas, personajes y tramas de formas que no fueron imaginadas al comienzo del desarrollo. ¿O si lo fueron?

Tomemos de ejemplo el videojuego *Rain World* en el cual las dinámicas forman un papel realmente protagónico a la hora de jugarlo, uno de los sistemas que afectan este mundo -un sistema sencillamente es un grupo de mecánicas o mejor dicho una mecánica compleja- es la necesidad de alimento de todas las criaturas que lo habitan por lo tanto sería esperable que un cocodrilo salga a cazar sus presas, pero la dinámica hace aparición cuando vemos a dos cocodrilos ser asesinados por un pájaro de gran tamaño -llamados Vultures-. Lo que pasó en esta situación, muy típica durante el gameplay de Rain World, es que un cocodrilo fue a buscar a su presa y lo que encontró fue un bebe Vulture, al intentar cazarlo este en su intento de escape se topa con otro cocodrilo el cuál comienza a pelear con el primero ya que son seres muy territoriales. Ante esta pelea cercana al nido de los Vultures, la madre llega y ataca a los cocodrilos por el miedo que le genera la posibilidad de que estos lastimen a sus crías. Lo que vemos nosotros como jugadores obligatoriamente desemboca algún tipo de reacción la cuál puede o no ser positiva ya que realmente estamos en presencia de un mundo vivo a partir de nuestro personaje, vemos desde afuera como el mundo interactúa creando dinámicas que parecieran no haber estado pensadas desde el inicio del desarrollo. Existen en el repertorio cientos de videojuegos que se vieron afectados por algunas dinámicas que no estuvieron previstas durante el desarrollo ya que no todos los Game Designers se han tomado el tiempo de testear el juego ellos mismos comprobando cada mecánica, normalmente esta tarea se terceriza a un Tester QA. Un ejemplo de esto es el videojuego *Braid*, un videojuego de plataformas y resolución de acertijos desarrollado por Jonathan Blow y lanzado en 2008.

En *Braid*, los jugadores controlan a Tim, un personaje que tiene la capacidad de manipular el tiempo para resolver acertijos y avanzar en los niveles del juego. Una de las mecánicas principales del juego es la capacidad de retroceder en el tiempo para corregir errores y encontrar soluciones a los acertijos. Sin embargo, durante el desarrollo del juego, los desarrolladores no anticiparon una interacción particular entre la mecánica de retroceder en el tiempo y otra mecánica del juego. Resulta que al retroceder en el tiempo en ciertas áreas del juego, los enemigos también retroceden en sus movimientos y acciones, lo que permitía a los jugadores evitarlos o manipular su comportamiento de formas inesperadas.

Lo que podemos observar en estos casos y a partir de la teoría mencionada es que la creación de dinámicas puede ser teorizada desde el comienzo del desarrollo pero también puede ocurrir por consecuencia de un efecto entre dos mecánicas que no haya sido previsto, lo importante en este caso, no es la creación de dicha dinámica sino la regulación necesaria para que esta no afecte de forma negativa a la experiencia del jugador, y en caso de que lo haga, reconocerlo lo antes posible para solucionar dicho problema.

Objetivos

Los objetivos en un videojuego se pueden clasificar en tres categorías: corto plazo, mediano plazo y largo plazo, que varían en términos de su alcance temporal y su complejidad. Aquí te explico cada uno de ellos:

Objetivos de corto plazo

Estos son los objetivos que se pueden lograr en un corto período de tiempo, generalmente en una sola sesión de juego o en una tarea específica dentro del juego. Pueden incluir objetivos simples como completar una misión o nivel, derrotar a un enemigo, recolectar un objeto o resolver un acertijo. Suelen ser relativamente fáciles de alcanzar y proporcionan una gratificación inmediata al jugador, esa es exactamente la razón por la cuál incluirlos.

Objetivos de mediano plazo

Estos objetivos requieren más tiempo y esfuerzo para ser completados, y generalmente abarcan varias sesiones de juego. Pueden incluir progresar en la historia del juego, desbloquear nuevas áreas, mejorar habilidades o equipo del personaje, completar una serie de misiones o desafíos, o alcanzar ciertos hitos en la progresión del juego. Los objetivos de mediano plazo suelen tener una mayor complejidad y pueden requerir más planificación y estrategia por parte del jugador. La idea en este tipo de objetivo es que nuestro jugador pueda ver su progreso en la cantidad de objetivos de mediano plazo completados haciendo que el tiempo dedicado valga la pena.

Objetivos de largo plazo

Estos objetivos son los que requieren un compromiso significativo y un tiempo considerable para ser alcanzados. Pueden incluir completar la totalidad del juego, alcanzar un nivel máximo de personaje, desbloquear todos los logros o trofeos, obtener todos los objetos o coleccionables del juego, o participar en eventos especiales o modos de juego avanzados. Los objetivos de largo plazo suelen ser los más desafiantes y pueden requerir un alto nivel de dedicación y habilidad por parte del jugador.

En general, los objetivos en un videojuego están diseñados para proporcionar una estructura y dirección al jugador, brindándole un sentido de progresión y logro a medida que avanza en la historia, supera desafíos y alcanza metas. Los objetivos de corto, mediano y largo plazo contribuyen a la motivación del jugador y a su compromiso con el juego, ofreciendo diferentes niveles de recompensa y satisfacción a lo largo de su experiencia de juego. Pero es entonces cuando aparece la pregunta más evidente, ¿Necesito los 3 objetivos? ¿Puedo prescindir de alguno de ellos? Para responder esta pregunta nuevamente utilizaré ejemplos de videojuegos conocidos sencillamente para dar a entender la importancia que conlleva cada uno de estos objetivos.

En el videojuego *The Witcher 3: Wild Hunt*, contamos con objetivos de corto plazo como completar una misión o contrato de caza, derrotar un enemigo y descubrir nuevas ubicaciones que nos ayudan a entender más sobre el mundo ficticio que nos rodea, aprender a movernos por este, interactuar con todas las mecánicas disponibles y en el transcurso sentir la gratificante victoria en cada objetivo cumplido. Por otro lado contamos con objetivos de mediano plazo como puede ser la mejora de habilidades y equipamiento, lo que genera un sentimiento de progresión al ver a nuestro querido Geralt de Rivia con un gran poder y una gran armadura. Además como ya mencionamos también contamos con objetivos de largo plazo, como puede ser finalizar el videojuego, completar todos los contratos de caza, las misiones secundarias y más que nos otorgan la gratificación de añadir *The Witcher 3* a nuestra lista personal de videojuegos completados, sin contar el obvio motivo de conocer toda la historia.

La idea de la segunda pregunta de prescindir de alguno de estos objetivos aunque puede ser un caso muy especial de éxito por otro motivo, no es algo recomendable y a medida que la industria de los videojuegos crece, más difícil se hace generar conceptos e ideas que no demuestren gratificación inmediata a los jugadores ya que poco a poco se les ha ido inyectando toneladas de dopamina en los videojuegos haciendo que cualquier acción dentro de un videojuego tenga que de algún modo ser algo gratificante o por el contrario puedes perder a un gran público apenas empieza tu historia. De todos modos siempre recuerda que nada está escrito en piedra, aunque todos estos conceptos pueden acompañarte, ayudarte o guiarte a diseñar videojuegos, la forma correcta de hacerlo sencillamente es, la que a tí te funcione.

La Experiencia del Jugador

La experiencia del jugador es un poco compleja de intentar manipular o dirigir hacia ciertas acciones, emociones o efectos esperados ya que multitud de personas reaccionan de formas muy distintas hacia los mismos estímulos e incluso puede darse el caso de que una misma persona con un tiempo de diferencia también reaccione distinto a un estímulo dentro de un videojuego.

Por lo que en esta sección no intentaremos guiar a nuestros usuarios como marionetas por el camino que queremos que sigan paso a paso sino en consecuencia solo haremos que se enfoquen en la dirección que queremos intentando que nos hagan caso. En un videojuego lineal en donde la historia ocurre mientras el jugador avanza, lo esperado por los desarrolladores es que este siempre vaya hacia adelante para conocer la historia, pero por reír, tener miedo, tener curiosidad o por otra increíblemente gran lista de razones nuestro jugador puede decidir darse la vuelta y correr hacia atrás lo que estaría afectando a su experiencia de juego, es por esto que como desarrolladores tendremos que acostumbrarnos a tomar estas acciones en cuenta para desarrollar nuestro videojuego de una forma óptima que maneje estas acciones y logre que nuestros jugadores vuelvan al estado de flow sin darse cuenta.

Sonic Adventure 2

En este videojuego no se tuvo en cuenta tan específicamente que pasaría si el jugador se diera vuelta. En una sección llamada "City Escape", Sonic es perseguido por un camión que acomoda su velocidad en base a la velocidad del personaje por lo que si el erizo decide darse vuelta en lugar de correr y avanzar, puede incluso hacer retroceder al camión como si lo estuviera asustando.

Estado de Flow

El estado de flow recién mencionado y también conocido como fluidez, se refiere a un estado mental y emocional en el cual una persona se encuentra completamente inmersa y absorta en una actividad, perdiendo la noción del tiempo y del entorno. En el campo de los videojuegos, el estado de flow se puede experimentar cuando el jugador se encuentra altamente concentrado y comprometido con la actividad de jugar, alcanzando un nivel óptimo de desafío y habilidad. Este estado en los videojuegos se caracteriza por una sensación de fluidez y facilidad en la ejecución de las acciones del juego, una profunda conexión entre el jugador y el juego, y una sensación de satisfacción y gratificación. Por obvias razones este estado es justamente a lo que los desarrolladores debemos aspirar para nuestros jugadores, si por el contrario en nuestro videojuego es casi imposible entrar en el estado de Flow estamos hablando de un diseño complejo o en su defecto mal explicado.

El estado de flow en los videojuegos suele ocurrir cuando el nivel de desafío del juego se encuentra en equilibrio con las habilidades del jugador. Si el juego es demasiado fácil, puede resultar aburrido y monótono, mientras que si el juego es demasiado difícil, puede generar frustración y ansiedad. En cambio, cuando el juego presenta un desafío adecuado a las habilidades del jugador, se crea un estado de fluidez que puede llevar a una experiencia de juego altamente gratificante y envolvente.

Figura 2. También conocido como "la zona", es un estado mental donde, al tener una habilidad acorde al desafío presentado el usuario se encuentra totalmente inmerso en dicha actividad.

Este estado puede tener efectos positivos en el rendimiento del jugador, como una mayor concentración, mejora en la toma de decisiones y un mejor desempeño en el juego. Además, también puede tener efectos positivos en el bienestar emocional del jugador, ya que se asocia con una sensación de logro, satisfacción y disfrute en la experiencia de juego.

Una vez que tenemos todo esto en cuenta ¿Cómo hacemos para evitar que el jugador rompa su experiencia de juego y se mantenga en el estado de flow? Una de las soluciones prácticas que su servidor considera es una de las mejores formas de devolver al jugador al estado de flow se lleva a cabo a partir de generar una estructura de dificultad con valles y picos de diferentes tamaños progresivos. Explicándolo de forma rápida y sencilla, los valles representan puntos más tranquilos en dónde el jugador no se estrese y pueda aprender, los picos sirven para generar un poco de estrés mientras se pone en práctica lo aprendido además de agregar nuevas habilidades o conocimientos a nuestros jugadores para que pongan en práctica en los picos más grandes que les esperan en un futuro.

VIII
Modos y Dinámicas

Llegamos a un capítulo que complejiza la creación de videojuego y la lógica que como diseñadores y desarrolladores deberemos tener para la ideación y el trasfondo de estos, comencemos entonces las dinámicas núcleo.

Las 10 Dinámicas Núcleo

Las *10 dinámicas núcleo* son un concepto desarrollado por el diseñador de videojuegos y escritor de teoría de juegos, Daniel Cook, que describe una serie de patrones o elementos comunes que se encuentran en muchos videojuegos. Estas se refieren a las actividades o mecánicas centrales que conforman la experiencia de juego. Veamos una pequeña descripción de cada una:

Moverse
Se refiere a la capacidad de movimiento del jugador en el entorno del juego, ya sea caminando, corriendo, saltando, volando, etc.

Buscar

Implica la búsqueda de objetos, lugares o información en el juego para avanzar en la trama, resolver rompecabezas, obtener recompensas, etc.

Obtener

Involucra la recolección de elementos, ya sean monedas, power-ups, ítems o recursos, que tienen un impacto en la jugabilidad o progresión del juego.

Evitar

Consiste en evitar obstáculos, trampas o enemigos que puedan causar daño o perder el progreso en el juego.

Competir

Implica la competencia con otros jugadores o personajes controlados por la IA en desafíos, carreras, combates u otras pruebas de habilidad.

Comunicarse

Se refiere a la interacción con otros personajes del juego a través de diálogos, elecciones, decisiones o acciones que afectan la historia o el desarrollo del juego.

Resolver

Involucra la resolución de rompecabezas, acertijos o desafíos lógicos para avanzar en la trama o desbloquear áreas o recompensas.

Personalizar

Implica la capacidad de personalizar el personaje del jugador, ya sea a nivel de apariencia, habilidades, equipo o comportamiento, para adaptarse a su estilo de juego o preferencias.

Mejorar

Consiste en el progreso del personaje del jugador a través de la obtención de experiencia, niveles, habilidades o mejoras que aumentan su poder o capacidades en el juego.

Narrar

Se refiere a la historia o narrativa del juego, ya sea a través de cinemáticas, diálogos, eventos o elementos de la trama que ofrecen una experiencia de narración de historias dentro del juego.

Estas dinámicas núcleo pueden combinarse de diversas formas en un juego para crear una experiencia de juego única y atractiva, y son elementos fundamentales que nosotros como diseñadores debemos considerar al crear y equilibrar la jugabilidad de nuestros videojuegos.

Por otro lado en el libro *"Challenges for Game Designers"* se habla de otras 10 dinámicas núcleo las cuáles se centran en lo que podría llamarse el "tema" de nuestro videojuego. Alentamos a los lectores a revisar estos conceptos sea por medio del libro recién mencionado o algún foro que los recorra en mayor detalle. Podríamos tomarnos el tiempo y las hojas necesarias para explicar una a una las 10 dinámicas núcleo de dicho libro, pero la razón de no hacerlo es acompañar a los futuros diseñadores y desarrolladores de videojuegos que leen este contenido a un importante aprendizaje para su futuro. Encontrar referencias, leer libros e informativos, ver todo tipo de contenido audiovisual, escuchar podcast y encontrar la fuente es parte fundamental de la creación de una historia, un personaje y en muchos casos también de la creación de mecánicas o guiones, es por esto que queremos lograr el interés en nuestros lectores en llegar más allá del contenido rápido y simple de conseguir.

Por otro lado, aunque no explayaremos sobre estas 10 dinámicas núcleo no podemos pasar de capítulo sin siquiera mencionarlas. Las 10 dinámicas núcleo del libro "Challenges for Game Designers" son en sí un resumen de los posibles temas que pueden involucrarse en nuestro videojuego, por lo que seleccionar una o varias de estas pueden darle cuerpo y vida a nuestro videojuego, entre estas tenemos algunas utilizadas en la gran mayoría de videojuegos como puede ser el **Comercio e Intercambio** el cuál evidentemente hace referencia a vender, intercambiar o comprar objetos, monedas, corazones, o lo que mueve la economía de dicho juego. También contamos con algunas dinámicas que aunque son realmente fuertes en su contexto y muy recomendable aplicarlas, no son tan frecuentes en todos los géneros de videojuegos, tal es el caso del **Razonamiento Espacial** o la **Adquisición Territorial**.

Reglas y Alternativas

Las reglas en el campo del desarrollo de videojuegos son un componente esencial y para el Game Designer, una de sus labores principales; estas se encargan de definir el comportamiento y las interacciones dentro del mundo del juego. Las reglas entonces pueden tratarse como instrucciones o directrices que dictan cómo se deben comportar los elementos del juego, cómo interactúan entre sí y cómo responder a las acciones.

 Es muy probable que luego de esta descripción muchos de los lectores estén en dudas, después de todo, ¿Cuál es la diferencia entre una regla y una mecánica? La descripción inicial parece ser exactamente la misma, por lo que será mejor detallar más su funcionamiento y utilidad.

Una regla **si es** un modificador de la jugabilidad, ya que determina cómo los jugadores interactúan con el mundo, con que pueden y con que no pueden colisionar (chocar, dicho en criollo), entre otras muchas cosas, pero una misma regla **no es** una definición del movimiento del jugador, ya que esto se rige más detalladamente por una mecánica.

Continuando con la explicación de las reglas toca decir que una regla puede ser de varios tipos, normalmente no es categorizada por un "tipo" pero por el bien de simplificar su explicación vamos a dividir las reglas en jugabilidad, mecánicas, física, y narrativa.

Jugabilidad

Las reglas de este tipo son aquellas que nos ayudan a entender cómo se siente jugar a nuestro videojuego en un término físico y emocional. Los controles son intuitivos, rápidos, lentos, toscos, los enemigos son más fuertes o más débiles que el jugador.

Mecánicas

Es correcto decir que una mecánica es una regla, pero no todas las reglas pueden considerarse mecánicas en un videojuego. Una regla se convierte en una mecánica sólo si su cambio, efecto, consecuencia o acción es fácilmente perceptible por el jugador. Por ejemplo, en un videojuego que tiene la mecánica de "fuego aliado", donde los jugadores pueden dañar a sus propios aliados con sus ataques, esta regla también se convierte en una mecánica del juego. Sin embargo, en el caso contrario, si el videojuego no cuenta con la mecánica de "fuego aliado", entonces esta regla se mantiene como una regla del juego, ya que dicta que "los aliados no pueden dañarse entre sí con ningún ataque", pero no es tan fácilmente perceptible en la jugabilidad como en el ejemplo anterior. En resumen, una mecánica del juego es una regla que tiene un impacto directo y visible en la jugabilidad del juego, mientras que una regla puede existir en el juego pero no ser necesariamente una mecánica si no es fácilmente perceptible por el jugador en su experiencia de juego, aunque no debemos olvidar que las reglas son uno de los pilares fundamentales de cualquier juego por lo que sin importar si son o no perceptibles es gracias a estas que el juego cuenta con su propio cuerpo, vida, alma e historia.

Física

Las reglas definen cómo los objetos y personajes del juego se mueven y se comportan en el mundo del juego en función de las leyes de la física. Por ejemplo, cómo los objetos caen, cómo rebotan, cómo interactúan con el terreno o cómo se ven afectados por la gravedad. Partiendo de esta base podríamos entonces categorizar dentro de este tercer tipo de reglas a todas aquellas que hacen uso de la física (sea realista o no) para su correcto funcionamiento. Es muy frecuente en múltiples videojuegos encontrarse con mecánicas, ideas, reglas o conceptos que hacen uso directo de la física realista con el fin de sumergir a los usuarios en un mundo que pueda parecerles de algún modo familiar, en donde puedan creer lo que están presenciando y mediante el cuál la historia, los personajes y el mundo ficticio que los rodea forman parte. Por otro lado, también somos testigos como Gamers y conocedores del campo de los videojuegos en todas las plataformas, de aquellos títulos de gran alcance que a partir de utilizar físicas realistas hacen a su vez un uso de lo que en este medio nos gusta llamar el 2.5 del concepto. Cuándo hablamos del 2.5 de un concepto nos referimos a todas esas ocasiones en las que partimos de un concepto, idea, mecánica, física, dinámica, vista o historia en donde se nos presentan 2 opciones y en lugar de elegir entre una de ellas hacemos uso de por así decirlo "lo mejor de ambos mundos". En el caso de las físicas que comentamos, el ejemplo del 2.5 se lleva a cabo cuando en un mismo videojuego se decide utilizar físicas realistas para su base, en cuánto al movimiento del jugador y los enemigos, las aves de la pradera, la caída de los objetos y cualquier cantidad de acciones que el lector pueda imaginarse, pero a su vez esta "física realista" se rompe cuándo vemos al protagonista cumplir con determinadas acciones que carecen de sentido ante las físicas anteriormente presentadas, esto a partir de dobles o triples saltos en el caso de Banjo-Kazooie o giros que nunca terminan como lo vemos en Crash Bandicoot. Más allá de la justificación que el equipo de desarrollo fundamente para este rompimiento de las físicas -normalmente presentadas como "habilidades" de los personajes- no puede negarse que estamos ante los variados casos del uso del 2.5 en las físicas. Determinar cuándo el concepto de 2.5 o la utilización de físicas realistas o no realistas es una buena elección será algo clave para nuestro videojuego que no puede explicarse o enseñarse de ninguna manera, ya que esta decisión es completamente dependiente de tu videojuego y el enfoque que tu como Game Designer quieras otorgarle.

Economía

Las reglas, también se utilizan para gestionar la economía interna del juego, como la obtención y gestión de recursos, la compra y venta de objetos, y la gestión de la moneda del juego. Estas, pueden dictar cómo se obtienen y gastan los recursos, cómo se establecen los precios y cómo se gestionan las transacciones económicas dentro del juego.

Narrativa

Las reglas también pueden aplicarse a la narrativa del juego, dictando cómo se desarrolla la historia, cómo se desbloquean eventos y cómo se toman decisiones que afectan el desarrollo del juego. Definir un buen conjunto de reglas y aplicarlas sobre la narrativa de tu videojuego normalmente no es una tarea fácil pero llegando a este punto es hora de remarcar un concepto anteriormente mencionado. Lo correcto sería esperar que al crear un conjunto de reglas estas puedan ser aplicables a tu historia o narrativa y la misma reciba ciertas pequeñas o en algunos casos grandes modificaciones para adecuarse de manera eficiente a tu jugabilidad, pero ¿Por qué no hacerlo de manera inversa? ¿Cuál es el problema de crear primero la narrativa y luego hacer cambios en las reglas para no modificar mi historia?

Cómo el lector estará gritando internamente ahora mismo si recuerda el capítulo anterior o si por el contrario ya conocía dicho concepto, seleccionar de forma errónea el orden de los factores (en este caso la creación de un conjunto de reglas y de tu narrativa en su respectivo orden) puede llevar a nuestro videojuego al famoso problema del aclamado "Poder del Guión", generando múltiples espacios de "Disonancia Ludonarrativa" cayendo en personajes "vacíos", sin vida y mundos ficticios que sencillamente son narrados por el propio juego en lugar de otorgar algún tipo de libertad al jugador a la hora de interactuar con ellos. ¿Cuál es entonces el camino correcto? Aunque fomentamos la exploración de las ideas por parte de cada Game Designer ya que este es el factor principal que logra la originalidad en cada videojuego que sale al mercado debemos decir que el verdadero camino correcto se basa en un 70/30, en donde el 70% de nuestra historia o narrativa se encuentra en un espacio de dudosa veracidad esperando a que las reglas aporten el 30% de la información que rellenará esos espacios logrando que nuestra historia, guión, narrativa y jugabilidad gracias al conjunto de reglas aplicado correctamente estén en sintonía.

Modos de Juego que afectan al Diseño

Antes de terminar este capítulo y hacer una reflexión sobre los temas aprendidos nos falta mencionar los modos de juego y su diseño, el cuál afectará de forma indirecta a nuestros usuarios. Cuándo hablamos de que un modo de juego afecta a nuestro videojuego nos referimos al hecho de cómo nuestros usuarios, reaccionan ante tales modos sin siquiera conocer la trama o jugabilidad de nuestro título, lo cuál puede lograr una ola de fans al lanzar un título de un género y modo de juego en específico y que posteriormente esta se disipe ya que nuestro videojuego no era tan bueno como parecía, hasta generar miles de hilos de twitter sobre la mala decisión del equipo de desarrollo en este modo. Cuándo hablamos de modos de juego es muy común que muchas personas se confundan entendiendo el término "Modos" como "Géneros" cuándo en realidad los modos de juego hacen alusión a la división de bandos y jugadores, ejemplos como el Single Player, Multiplayer, u otros donde se tratan conceptos poco a poco más amplios como el "Team Vs Team". Habiendo entendido esto podemos encontrar el primero de los problemas, la estigmatización.

Para alcanzar este problema y poder explicarlo con cierto sentido el lector debe tener en cuenta que la equivocación entre modos y géneros no es mera casualidad, ya que estos son conceptos fundamentales que deben ir de la mano durante la vida de un videojuego. Partiendo de esto, este es un tema que normalmente los distintos usuarios de los videojuegos pueden no notar pero que de un modo u otro, todos somos afectados a la brevedad, es entonces cuándo la estigmatización comienza a separar y categorizar un juego con frases como "no es para determinado público", o por el contrario "solo es para un nicho", llegando a afectar las decisiones de los mismos jugadores al limitarse a no probar videojuegos que sus amigos o personas cercanas los encierran como juegos para frikis, para raros, o para chicas. Por razones evidentes cualquier tipo de categorización de estas se encuentra sin fundamentos, si el lector cuenta con alguna duda sobre esto le recomendamos que lea los próximos 2 capítulos sobre Psicología del Desarrollador y Consumidor en donde de forma completa y compleja podrá ver como todos los videojuegos y medios interactivos más allá de su enfoque inicial (es decir lo que el jugador necesita conocer para poder probar el juego) no cuentan con categorizaciones ya que sus conceptos, mecánicas y narrativa se basan en las razones más simples de la psicología humana.

Reflexión Final

Llegando a este punto, es probable que algunos lectores hayan quedado ligeramente sorprendidos por la complejidad que puede tener la labor de un Game Designer siendo que normalmente es una profesión difícil de explicar ante una simple pregunta, los modos, los géneros, las reglas, los tipos, las mecánicas en sí y las dinámicas núcleo mencionadas al comienzo del capítulo son solamente una parte de lo que un Game Designer representa. A lo largo de una jornada de trabajo sea en las oficinas de una multinacional o en el garage indie de tu equipo de desarrollo, el Game Designer puede equilibrar todos estos conceptos y muchos otros que veremos en los siguientes capítulos, al mismo tiempo que se enfoca en la historia, la complejidad que lleva, la creación y crecimiento de los personajes, resolver dudas al equipo y mejorar el proyecto día a día.

Para que esto sea posible sin duda el enfoque principal debe estar situado sobre los usuarios, nuestros jugadores. ¿Cómo logramos enfocarnos en ellos y entender qué quieren, cómo lo quieren, dónde lo quieren y cuándo lo quieren? la respuesta

simple es, con psicología. La respuesta completa es el siguiente
capítulo.

IX
Psicología del Desarrollador

Luego de una base teórica inmensa a lo largo de tantas páginas, podemos relajar ligeramente el concepto de Game Designer, lo que esto significa y lo que debe saber en conjunto de lo que puede hacer, es momento de hablar de los típicos problemas que poco a poco como desarrollador de videojuegos podrás encontrarte y que comúnmente se intentan guardar bajo la alfombra.

El Drama de no Terminar los Juegos

Con frecuencia un diseñador o desarrollador de videojuegos, sin importar cual sea su título, labor principal o visión a futuro puede encontrarse con este problema al intentar desarrollar su primer videojuego. Cabe aclarar que este problema en específico no afecta únicamente a los desarrolladores novatos, ya que también puede influir en desarrolladores con algo de experiencia.

"El drama de no terminar los videojuegos" suele darse principalmente debido al desvanecimiento o pérdida completa del interés en dicho proyecto esto a raíz de varias posibles razones, siendo las más comunes la falta de conocimiento (no saber programar alguna sección o no saber dibujar), la falta de motivación, es decir cuando la idea del juego deja de parecer lo suficientemente buena como para obligarte a levantarte de la cama, o la falta de inversión. Este último punto evidentemente no se asemeja a los anteriores ya que en el determinado caso que la inversión se acerque a nosotros podremos seguir con nuestras labores limpiando del camino cualquier excusa que nos impida cumplir nuestro trabajo y poco a poco acercarnos al final de nuestro videojuego. Al enfocarnos en cualquiera de las dos primeras opciones podemos detectar que la raíz de estas es la creencia incorrecta de una industria mayor. ¿A qué nos referimos con esto? En la industria de la tecnología existe la falsa creencia de que una idea puede cambiarlo todo, haciendo así que si tu idea es innovadora y mejora aspectos actuales del mercado (en nuestro caso a través de un título profesional de un videojuego) todo podrá ir bien, conseguiremos esa inversión necesaria, el equipo adecuado y formaremos una empresa que genere nuestros productos con velocidad y calidad digna de un GOTY (Premio a juego del año). Cómo los lectores entenderán, esta fantasía solamente ocurre en películas y casos sumamente exclusivos debido a que el desarrollo y diseño de un videojuego

es algo altamente complejo, un vaso a punto de rebalsar en temas prácticos, matemáticas, arte, música, física, psicología y más que logran hacer que nuestra idea deje de motivarnos al denotar que no contamos con tanto conocimiento o las herramientas adecuadas para lograr terminar nuestro proyecto en el tiempo que habíamos estimado.

A este problema se le suma otro sumamente importante y es la **crítica destructiva**, pero este concepto se lo dejamos al hermano menor de este libro, *"Debates y Potenciadores del Diseño de Videojuegos"*, *un libro enfocado en temas de Game Design que actualmente se encuentran en debate.*

Pérdida de la Perspectiva General

Nos metemos en otro concepto que refiere a la labor de desarrollador de un videojuego pero esta vez arraigando un poco más su propio enfoque psicológico. Creemos una situación hipotética con el fin de generar una mejor explicación didáctica sobre esta problemática:

> *Santiago, un Game Designer en ascenso, está creando su segundo título tras un increíble recibimiento por parte del público a su primer videojuego. Este segundo juego contará la historia de una pequeña niña de la época medieval que pierde a su madre y escapa de su aldea para*

*evitar ser adoptada por otra familia que solamente la
quiera para trabajar en el hogar, aunque el concepto suena
simple y nada innovador, la perspectiva general del
diseñador es enfocarse en la ausencia del sentimiento de
libertad incluso en momentos de soledad en donde el
mismo personaje puede hacer lo que sea pero no se siente
libre de hacer nada ya que no cuenta con alguien a su lado
como estaba acostumbrada que le guíe en lo bueno y lo
malo al mismo tiempo que escapa de aquellos que solo
quieren utilizarla para sus propios fines.*

Partiendo de esta situación hipotética y creación de la
perspectiva general de un videojuego podemos decir que la
pérdida de esta perspectiva puede darse al momento en que el
diseñador deja de confiar en sus propias ideas o por el contrario
determina sin ninguna razón aparente que estas no son lo
suficientemente buenas, llevándolo así a pedir ayuda a otros
integrantes del equipo a mediados del desarrollo, lo que
normalmente acaba por destruir dicha idea debido a que el
concepto anteriormente referenciado y bien explicado por el
Game Designer, solo está siendo enfocado en palabras y
definiciones vagamente específicas. Esto genera que con la
ayuda del equipo de desarrollo, no especializado ni
acostumbrado a la creación de una historia o personaje, la
perspectiva del videojuego se manche con conceptos, ideas,
mecánicas o reglas que carecen de sentido para lo que fue la

perspectiva general inicial, dando por resultado un videojuego mezcla, algo que pocas veces puede salir bien, y en la gran mayoría de los casos, acaba por ser cancelado o ser publicado con pocas ventas y probablemente malas reseñas. ¿Qué es lo que ocurre en este caso? ¿El problema entonces es el hecho de escuchar a nuestro equipo?

¡Por supuesto que no!, nuestro equipo de desarrollo no está con nosotros para seguir nuestras órdenes ciegamente, ellos se encuentran trabajando con nosotros con la idea no escrita de formar parte del proceso de desarrollo y eso incluye las lluvias de ideas que comúnmente son necesarias en varias etapas del proyecto. El problema que acabamos de presenciar y que ahora mismo muchos lectores estarán alzando la mano para mencionarlo, es la pérdida de la confianza en las ideas propias, concepto que puede llevarse a cabo por multitud de razones y que no afecta únicamente al diseñador de videojuegos sino a cualquier otro creador de historias, como puede ser el director de una película, un guionista, escritor, etc.

 Lamentamos no poder contar con una respuesta que facilite la mejora ante esta problemática en caso de que el lector sienta que está siendo afectado por ella, la realidad es que cada persona puede perder la confianza en sus ideas por distintas razones del cerebro siendo las más comunes, la falta de confianza en otro ámbito de nuestra vida, la falta de emociones básicas (enojo, amor, felicidad, tristeza) o la falta de comunidades sociales (amigos, parejas, familiares), la solución para cualquier de estos problemas deberá encontrarla el diseñador por su cuenta creando un momento de pausa al desarrollo del proyecto por un corto periodo de tiempo y en caso de que esto no sea posible, abandonar el proyecto por algunos días si se le permite. Este problema también puede encapsularse bajo el término de burnout, que se define sencillamente por el hecho de "quemarse" de trabajo, es decir explotar tus capacidades y necesitar obligatoriamente un descanso.

X
Psicología del Consumidor

Habiendo pasado por lo que fue una pincelada de la psicología del desarrollador, es momento de hablar de nuestros consumidores, es decir los jugadores que probarán nuestros videojuegos y serán los encargados de criticarlos sea de forma amable o completamente destructiva.

Entretenimiento

La psicología del consumidor es un tema relevante en el diseño de videojuegos, ya que entender las necesidades y motivaciones de nuestros jugadores es fundamental para crear experiencias atractivas y satisfactorias. Como siempre, el enfoque debe estar en la necesidad de entretenimiento en nuestras vidas y cómo los videojuegos pueden satisfacer esa necesidad. El entretenimiento es una parte importante de la vida moderna. Las personas buscan actividades que les brinden diversión, escape de la rutina, emoción y satisfacción. Los videojuegos entonces, se han convertido en una forma popular de entretenimiento debido a su naturaleza interactiva y su capacidad para sumergir a los jugadores en experiencias virtuales envolventes. Uno de los aspectos clave de los videojuegos es su capacidad para proporcionar una sensación de logro y progresión. Los Game Designers utilizan elementos como desafíos, recompensas, niveles y objetivos (temas mencionados anteriormente) para mantener a los jugadores comprometidos y motivados. Estos elementos satisfacen la necesidad psicológica humana de logro y superación personal, lo que a su vez genera una sensación de gratificación y satisfacción.

Además, los videojuegos pueden ofrecer una forma de escape de la realidad. Al sumergirse en mundos virtuales, los jugadores pueden experimentar situaciones y roles que de otra manera no serían posibles en su vida diaria. Esto proporciona un sentido de libertad y exploración, permitiendo a las personas explorar aspectos de sí mismos que pueden no tener la oportunidad de expresar en el mundo real. La interactividad de los videojuegos también juega un papel importante en su capacidad para satisfacer la necesidad de entretenimiento. A diferencia de otros medios pasivos como la televisión o el cine, los videojuegos permiten a los jugadores tomar decisiones y tener un impacto en la narrativa y la experiencia de juego. Esta participación activa crea una sensación de control, lo que aumenta la satisfacción y el disfrute. A su vez esta misma interacción es la característica principal de que muchos títulos se presenten en este formato -es decir videojuegos- ya que al permitir a los usuarios formar parte de la historia interactuando con distintos elementos, personajes y espacios, es de forma evidente, un catalizador de emociones que se transmiten a través de la pantalla de un modo distintos que con otros medios de comunicación.

Es importante tener en cuenta que, si bien los videojuegos pueden ser una fuente gratificante de entretenimiento que también existe el riesgo de que puedan convertirse en una forma de escapismo poco saludable. Algunas personas pueden volverse adictas a los videojuegos y utilizarlos como una forma de evadir problemas o responsabilidades en sus vidas. Como Game Designers, es importante considerar los aspectos éticos y la responsabilidad social al crear experiencias de juego.

Motivaciones

Cuándo se trata de las motivaciones de los consumidores, nuestros jugadores, como Game Designers con mucha teoría y años de práctica que somos o lo seremos en un futuro, utilizamos el Diagrama de Bartle, creado por Richard Bartle en 1996.

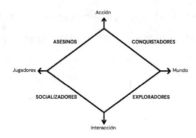

Este diagrama divide a 4 tipos de jugadores según sus motivaciones a la hora de jugar -si los lectores quieren saber qué tipo son, existe un test online para comprobarlo-, estos se dividen en:

Logradores: Los logradores son jugadores que están motivados por alcanzar objetivos y logros dentro del juego. Les gusta completar misiones, obtener recompensas, subir de nivel y acumular puntos. Su enfoque principal es el progreso y la superación personal. Les gusta sentir que están avanzando y logrando cosas dentro del juego.

Exploradores: Los exploradores son aquellos que están motivados por descubrir y explorar el mundo del juego. Les gusta investigar áreas desconocidas, encontrar secretos, desentrañar misterios y experimentar con diferentes aspectos del juego. Disfrutan de la libertad de explorar y descubrir cosas nuevas. Para ellos, el proceso de descubrimiento es una recompensa en sí misma.

Sociables: Los sociables son jugadores que están motivados por la interacción social y las relaciones con otros jugadores. Disfrutan de la comunicación, la colaboración y la construcción de comunidades dentro del juego. Les gusta jugar en grupos, unirse a clanes o gremios, chatear con otros jugadores y participar en actividades cooperativas. El aspecto social del juego es lo que los impulsa.

Asesinos: Los asesinos son jugadores que están motivados por la competencia y el dominio sobre otros jugadores. Disfrutan de la confrontación y la victoria en combates PvP (jugador contra jugador). Les gusta desafiar y derrotar a otros jugadores, obtener estatus y demostrar su habilidad. Para ellos, el juego es un campo de batalla donde pueden imponerse sobre los demás.

Estas categorías no son mutuamente excluyentes, y los jugadores pueden tener motivaciones mixtas o cambiar de motivación a lo largo del tiempo. El diagrama de Bartle ayuda a comprender las diferentes formas en que los jugadores se involucran y disfrutan de los videojuegos, y puede ser útil para nosotros como Game Designers con el fin de crear experiencias que se ajusten a las diferentes motivaciones de nuestros jugadores.

Deseos Básicos

Para todo ser humano existen 16 deseos básicos que en nuestro caso pueden ser el punto de partida para la trayectoria de la historia que creamos a través de un videojuego. En esta lista de deseos básicos los lectores podrán detectar varios o al menos uno de los motores que suelen impulsarlo en su propia vida o en aspecto de ella ya que este es un punto de inicio psicológico que afecta a la gran mayoría de los seres humanos debido a nuestras sociedades:

1. **Aceptación:** La necesidad de ser aprobado.
2. **Actividad Física:** La necesidad de practicar ejercicio.
3. **Ahorro:** La necesidad de recoger y acumular.
4. **Apetito:** La necesidad de los alimentos.
5. **Curiosidad:** La necesidad de aprender.
6. **Contacto Social:** La necesidad de amistad.
7. **Estatus:** La necesidad de sentirse importante en la sociedad.
8. **Familia:** La necesidad de criar hijos.
9. **Honor:** La necesidad de ser leal a los valores.
10. **Idealismo:** La necesidad de justicia social.
11. **Independencia:** La necesidad de la individualidad.
12. **Orden:** La necesidad de ambientes organizados.
13. **Poder:** La necesidad de la influencia de la voluntad.
14. **Romance:** La necesidad de las relaciones sexuales.

15. Tranquilidad: La necesidad de sentirse seguro.

16. Venganza: La necesidad de contraatacar y ganar.

Tercera Parte
Líder de Producción

XI
Liderazgo Creativo

Entrando a la tercera y última parte de este libro es momento de hablar del liderazgo, aspecto fundamental para el crecimiento de cualquier Game Designer ya que este no en todos los casos o equipos de desarrollo se desengloba como líder pero las capacidades y características de un buen líder son aspectos fundamentales para ser un buen Game Designer.

Fundamentos de Liderazgo

En la industria del diseño y desarrollo de videojuegos hablamos de un "Game Designer de éxito" cuándo éste, además de sus conocimientos teóricos y prácticas sobre dicha materia, cuenta con una base de habilidades y competencias específicas para liderar eficazmente un equipo de desarrollo multinacional o de garage. Entre estas habilidades podemos encontrar:

Visión

La visión es un factor clave para cualquier líder y se refiere a su capacidad de compartir el juego que se está desarrollando en completo, es decir, desde su aspecto más simple a lo más complejo en un lenguaje simple y de entendimiento general. Esto implica tener una comprensión profunda del propósito, los objetivos y la dirección general del juego.

Dirección

El concepto de dirección se refiere a la capacidad del líder para establecer una guía clara y orientar al equipo hacia los objetivos y metas del proyecto. La dirección entonces implica proporcionar instrucciones, establecer expectativas y supervisar el progreso del equipo, aunque este último ejemplo no sea un trabajo del Game Designer cuándo se habla de multinacionales, ya que en dicho caso existen otros puestos de trabajo enfocados en revisión de progreso y aportar ayuda a cada integrante.

Comunicación efectiva

La comunicación es esencial para un liderazgo exitoso en el diseño de juegos. Un líder debe ser capaz de comunicarse de manera clara y concisa con su equipo, transmitiendo ideas y conceptos de forma efectiva. También debe ser un buen oyente, estar abierto a las opiniones de los demás y fomentar la colaboración y el intercambio de ideas. Es probable que puedas encontrar varias similitudes entre este concepto y la idea de la "Visión" pero para futuras referencias es preciso aclarar que todos las habilidades de un buen líder se correlacionan entre sí aportando un grano de arena decisivo para crear el castillo de arena que será nuestro videojuego.

Gestión del equipo

Un líder en diseño de juegos debe ser capaz de gestionar y motivar a su equipo de manera efectiva. Esto implica asignar tareas, establecer plazos, supervisar el progreso y proporcionar retroalimentación constructiva. Un buen líder debe ser capaz de identificar las fortalezas y debilidades de cada miembro del equipo y asignar responsabilidades de manera adecuada. Aunque en uno de los puntos anteriores mencionamos que el trabajo de "supervisar el progreso" no afecta a todos los Game Designers de la industria ya que esto depende de cómo se conforme el equipo de desarrollo en su totalidad, es un punto a favor de los Game Designers el mantener una buena gestión del equipo ya que esta labor nos permite identificar fortalezas y debilidades que a futuro nos den el acceso a explorar fortalezas de nuestro equipo que generen buenos resultados, y ser parte del proceso de mejora de algunas de las debilidades de los integrantes del equipo si es que estos así lo desean.

Toma de decisiones

Los líderes en diseño de juegos a menudo se enfrentan a situaciones en las que deben tomar decisiones rápidas y acertadas. Deben ser capaces de evaluar las opciones disponibles, considerar los posibles impactos y tomar decisiones informadas. La capacidad de tomar decisiones en momentos de incertidumbre y presión es fundamental para liderar con éxito un equipo de desarrollo de juegos además de ser una de las características fundamentales que definen el llamado éxito de un Game Designer en esta industria. Con esto último queremos decir que aquellos diseñadores de juegos famosos que podemos reconocer con solo escuchar su nombre, suelen serlo gracias a contar con esta habilidad y es debido a esto que sus compañeros de equipo disfrutan trabajar con ellos -aunque siempre existen excepciones-.

Resolución de problemas

Los líderes en diseño de juegos se encuentran con una variedad de desafíos y problemas a lo largo del proceso de desarrollo. Deben ser hábiles en la resolución de problemas, identificando las causas subyacentes, generando soluciones creativas y aplicando un enfoque sistemático para resolver los obstáculos.

Gestión del cambio

El diseño de juegos es un campo en constante evolución, y los líderes deben estar preparados para adaptarse y gestionar el cambio. Deben ser flexibles, estar dispuestos a explorar nuevas ideas y tecnologías, y liderar a su equipo a través de transiciones y ajustes en el proyecto.

Creando un Líder

Una vez presentado el concepto de liderazgo y las habilidades y conocimientos que este necesita lo primero que los lectores podrán preguntarse es ¿Cómo obtengo estas habilidades?
Por lo que ha llegado la hora de subir de nivel y entrar en las mazmorras más complejas donde los enemigos son más fuertes, nuestras habilidades están limitadas porque perdimos nuestras armas y tenemos que salvar a nuestro videojuego a contrarreloj, ¡Antes de que la industria lo destruya!
Más allá de que nuestro contexto y terminologías exploren un mundo de fantasías con orcos, duendes, demonios y ángeles a nuestro alrededor a la hora de trabajar, la idea de aprender un concepto o rama de estudio tan importante como lo es el

liderazgo, resulta que no existe un crafteo o poción que pueda salvarnos del proceso. En este punto en lugar de viajar al Nether para conseguir una vara de Blaze, es decir nuestro primer ingrediente para una poción, nuestro verdadero camino será a través de eventos, comunidades, jams e incluso fiestas en donde tengamos la oportunidad de rodearnos del estilo de personas que necesitamos, la gente de este medio. Es a través de estos espacios en donde conseguiremos 2 de nuestros ingredientes principales:

La confianza y la práctica de una comunicación efectiva. Cuándo nos encontramos en una situación de este estilo en donde no conocemos a nadie o solo a unos pocos es cuándo más podremos lucirnos, explicar nuestro proceso, consultar sobre el proceso y trabajos de los demás, generar contactos, y principalmente esto nos ayudará a trabajar nuestras habilidades de comunicación verbal, asegurándonos ser claro y conciso al transmitir ideas y expectativas de procesos, proyectos, conceptos o teorías. ¿Cuál será el siguiente ingrediente? Mientras que nuestra poción puede necesitar algo de vidrio que conseguimos acercándonos al desierto o a un cúmulo de agua, en un caso más real tocará entrar a un proceso de estudio, en donde nos podremos ayudar de libros, revistas -si es que alguien aún compra revistas- videos, Tik Toks y cualquier medio que pueda explicarnos y mostrarnos ejemplos de distintos recursos para un liderazgo creativo.

El último ingrediente el cuál es muy variado en nuestro querido juego ya que dependerá del tipo de poción que estemos haciendo, en la realidad es algo también complejo pero que no tiene tanta magia ni complejidad llevarlo a cabo, lo complejo es hacerlo bien. Pero no tengas miedo, todos fallan a la primera, estamos hablando cómo probablemente ya imaginas, del aprendizaje a través de la experiencia.

Metodología Scrum

Cuándo se trata de llevar adelante a un equipo de trabajo existen muchas formas de trabajar en donde se toman en cuenta distintas plataformas y en la gran mayoría de ellas se subdivide al equipo de desarrollo según sea necesario para cada caso, pero esta vez vamos a hablar de una de las metodologías de organización de proyectos más conocida en la industria de la tecnología en sí, y como probablemente ya veías venir, estamos hablando de la metodología SCRUM.

Scrum es una metodología ágil de gestión de proyectos que se utiliza ampliamente en el desarrollo de software y en otras áreas donde se requiere un enfoque flexible y colaborativo. Se basa en principios de transparencia, inspección y adaptación, y se centra en la entrega de valor de manera rápida y continua. En Scrum, el trabajo se divide en iteraciones llamadas "sprints" en donde cada sprint tiene una duración fija, generalmente de dos a cuatro semanas, y al final de cada sprint se entrega un incremento funcional del producto. Esta metodología se fundamenta en unos cuántos elementos:

Roles

Dentro de Scrum existen 3 roles sumamente importantes, el primer de estos es el *Product Owner* el cuál se encarga de definir y priorizar los requisitos del producto que se desee realizar, en nuestro caso un videojuego, en palabras más simples es quien ayuda a tomar decisiones sobre las funcionalidades que se desarrollarán durante el proceso de cada "sprint". El segundo rol de Scrum es el Scrum Master, encargado de asegurar el correcto seguimiento de las prácticas y principios de Scrum, eliminando los obstáculos y fomentando un entorno colaborativo y productivo para todos los integrantes del equipo de desarrollo. Por último este tercer integrante o rol es el ya mencionado equipo de desarrollo el cuál puede estar subdividido si es que se desea tener tiempos de sprints distintos para los subgrupos que se deseen en cada caso, por ejemplo marcando un sprint para el equipo de programación y otro distinto para la sección de arte (esta práctica no es recomendada ya que facilita el trabajo a largo plazo y en la creación de nuevos proyectos el hecho de que

todo el equipo de desarrollo trabaje bajo las mismas directrices y con las mismas temporalidades, es decir, con el mismo sprint)
Para poder definir estas tareas o funcionalidades a desarrollar en cada sprint existen dos elementos sumamente útiles y cruciales para la organización del trabajo a llevar a cabo, el Product Backlog y el Sprint Backlog.

El Product Backlog es una lista ordenada de todas las funcionalidades que están pendientes de desarrollo para finiquitar al 100 por ciento el proyecto que se esté llevando a cabo, y por otro lado el Sprint Backlog es una lista de las tareas seleccionadas de cada Sprint, las cuáles se sacan directamente del product Backlog.

Además de estos conceptos también podríamos hablar de las llamadas que pueden llevarse a cabo en el proceso de trabajar con la metodología de Scrum pero estos variaran dependiendo el equipo de desarrollo con el que trabajes sin importar su nivel de profesionalidad, lo que realmente importa no es eso, sino su percepción a los detalles y el control del progreso del equipo en conjunto. Cuándo hablamos de estas temporalidades nos referimos a las Daily Scrum, una breve reunión diaria en la que el equipo de desarrollo comparte el progreso, discute los obstáculo y se coordina para avanzar hacia los objetivos planteados, o las Sprint Retrospective, esta última es el nombre que lleva la reunión final de cada sprint en donde el equipo de desarrollo reflexiona sobre el sprint anterior, identifica mejoras y define acciones para implementar en los siguientes casos.

La razón principal para utilizar esta metodología de gestión de proyectos es aumentar la productividad, colaboración y adaptabilidad en proyectos complejos.

XII
Construcción de Equipo

Sumerjamos la cabeza un momento en agua tibia y observemos el panorama:

Has llegado a este punto lo que te señala como parte de una minoría de lectores, cuentas con conocimientos bastante amplios y específicos en teoría de diseño y desarrollo de videojuegos, probablemente te falte práctica por lo que decides construir un equipo de desarrollo que te acompañe a explotar todos estos nuevos conocimientos y habilidades que desarrollaste a lo largo de todo tu tiempo de estudio -no solo de este libro sino de cualquier otro medio por el cuál hayas logrado recibir información útil sobre los videojuegos-, pero no pasa mucho antes que notes algo y te hagas esta primera pregunta: ¿Que necesito para formar un equipo?

Roles del Equipo de Desarrollo

En la industria del diseño y desarrollo de videojuegos la formación de un equipo de desarrollo es algo sumamente variable. A pesar de que podemos decir que algunos roles son los fundamentales, asegurando que todo equipo debe contar con al menos estos integrantes, eso no indica que sean obligatorios y muchos menos los únicos por lo que ha llegado el momento de hacer un recorrido por lo que sería un equipo de diseño y desarrollo de videojuegos semi-extenso.

Es evidente que el primer integrante clave para un equipo de desarrollo será...¡Exactamente! el Game Designer, pero en segunda instancia requerimos a por lo menos un programador, es decir el encargado de crear en código todas esas grandes ideas y mecánicas planteadas por nosotros.

Programadores

Cuándo se trata de programadores tenemos un par de opciones a nuestra disposición, más allá de la duda que nos puede generar el proceso de búsqueda o el medio a través del cuál buscaremos a estos programadores, por el momento vamos a centrarnos en qué programador necesitamos. Es cierto que podemos categorizar a un tipo de programador según sus conocimientos, es decir los lenguajes que maneja, pero la selección que haremos no será en base a esto debido a que todo lo que requerimos es que maneje el lenguaje que utilizan los motores de videojuegos, C# en Unity y C++ en Unreal Engine, existen otros motores pero estos son los principales; una vez nos aseguramos que los posibles integrantes manejan estas herramientas deberemos enfocarnos principalmente en sus habilidades de organización y manejo de equipo ya que con esto podremos definir dos roles importantes. El programador base y el Lead Programmer. Este segundo rol tiene el honor de ser mencionado en inglés debido a que se refiere a de algún modo el "programador jefe" que liderará el proyecto en cuánto a las funcionalidades necesarias en código y dividirá las tareas entre todos los programadores del equipo.

Artistas

El momento de selección de un artista es un proceso más largo y poco definido ya que existen de muchos tipos y lo más probable es que necesitemos más de uno, aunque esta selección será un proceso dependiente de nuestro proyecto en concreto. Para dar un pantallazo a lo que se refiere este proceso, deberemos definir en primera instancia si nuestro videojuego será en 2D o 3D. En caso de ser en 2D necesitaremos ilustradores o Concept Arts, es decir artistas que crearan personajes para nuestro videojuego a través de un proceso iterativo en donde nos mostrarán varios bosquejos y bocetos que poco a poco se convertirán en nuestro personaje ideal. Por otro lado cuándo hablamos de trabajar en un proyecto 3D, requerimos a 2 o 3 personalidades bastante importantes aunque en algunos casos puedes dar con la suerte de que una sola persona tenga los conocimientos de estas 3 ramas, aunque eso no significa que pueda trabajar solo debido a la gran cantidad de tarea que tendría. Requerimos entonces, un modelador 3D, un animador y un texturizador; este último se pide a menudo en desarrollos grandes, más no en desarrollos más pequeños debido a que la gran mayoría de modeladores 3D profesionales conocen lo suficiente sobre este tema para poder llevarlo a cabo en un proceso de diseño y desarrollo de un videojuego indie, ya sabes, el típico de garage.

Músicos

Cuándo nos metemos a la música es cuándo el proceso puede variar en la cantidad de integrantes en base al tipo de música que tengamos en mente para nuestro videojuego. En este punto hay que recordar y tener en cuenta que la música y efectos de sonido en un videojuego son un factor clave, ya que son capaces de transmitir emociones, positivas o negativas según el diseñador lo prefiera y acompañar al jugador en su aventura haciendo además que este recuerde con cariño una experiencia de nuestro videojuego con base en la música que escuchó. Es por esto que la selección de un músico puede ser simple para un desarrollo indie ya que solo requerimos a un ingeniero de sonido, el cuál será el encargado de componer las canciones de nuestro videojuego en base a algunas de nuestras directrices y cada uno de los efectos de sonido

Algo que puede pasar en algunos desarrollos, el famoso Cuphead como ejemplo es que dicho ingeniero de sonido sea el compositor de todas las obras que requiera nuestro videojuego pero aún así debamos contratar a otros músicos de forma temporal para que toquen los instrumentos y de esta forma trabajar las melodías de una forma no tan "cerrada" a través de un sintetizador o plugin de un programa. Además de estos también existen especialistas en efectos de sonido y vocales (actores de doblaje) si es que nuestro videojuego lo requiere.

Diseñadores

Una vez mencionamos a las categorizaciones fundamentales a la hora de formar un equipo de desarrollo de videojuegos toca hablar de los tipos de diseñadores, tema en el cual intentaré no explayarme demasiado debido a que realmente existen miles, uno para cada especialización.

El más famoso y recurrente en un equipo de desarrollo de videojuegos indie es el *diseñador de niveles*, su responsabilidad es crear y desarrollar los niveles, escenarios o entornos de juego. Su objetivo es diseñar experiencias de juego desafiantes, interesantes y atractivas para los jugadores. Por otro lado tenemos otros cuántos diseñadores más específicos para una tarea como lo son el diseñador de economía de juego, el diseñador de narrativa, diseñador de progresión, diseñador de gameplay, entre muchos otros.

Guionista

El trabajo de un guionista en el desarrollo de videojuegos es fundamental para crear una narrativa coherente -evitando en lo posible la disonancia ludonarrativa- y envolvente que complementa la jugabilidad del juego, es este el encargado de escribir y desarrollar la historia, los diálogos y los eventos del juego.

Podríamos seguir hablando de otras personalidades que puedes encontrar en un estudio de desarrollo de videojuegos más grande o completo, pero debido a que nuestro enfoque principal es el desarrollo indie de garage, es momento de mencionar las formas o espacios en donde puedes conseguir este equipo que te acompañará durante el largo y en algunos casos tedioso proceso de desarrollar el videojuego de tus sueños, o al menos ese que llenará tu bolsillo.

Procesos de Creación

Estamos en un punto clave del desarrollo de videojuegos, hablamos entonces de este momento previo a la pre-producción, a la ideación y en algunos casos incluso previo al aprendizaje de esta materia, pero no es caso para los lectores que hayan llegado a este punto. Es momento de hablar de los procesos de creación de un equipo de desarrollo, las posibilidades que tú como líder de equipo tienes a tu disposición además de mencionar algunas recomendaciones de quien escribe.

Cuándo llega el momento de armar un equipo de desarrollo, sin importar cuál sea tu motivación, es decir, desarrollar una idea que tienes en este momento, crear nuevos títulos en equipo sin haber concluido un proceso de ideación o sencillamente divertirse con conocidos, aún así cuentas con varias opciones:

Contratación

La primera forma a través de la cuál puedes desarrollar un videojuego en un equipo de diseño y desarrollo es a través de la contratación y por ende pago mensual a cada uno de estos integrantes. Es evidente que este método es el más conocido pero el menos trabajado por equipos indies que intentan desarrollar su primer videojuego y rara vez cuentan con una inversión inicial que soporte varios sueldos por un periodo probablemente largo. Aunque no todo son malas noticias, como ya mencionados, los puntos en contra de este método será la parte económica debido a que necesitas una inversión inicial suficiente para costear los servicios y herramientas requeridas, al mismo tiempo que los sueldos de todos los integrantes del equipo. Ahora hablemos de los puntos a favor:

Cuándo tratamos con un método de contratación para formar un equipo de diseño y desarrollo de videojuegos sea indie o profesional, tenemos dos cosas a tener en cuenta que nos favorecen, la primera de estas es la ganancia, debido a que estos integrantes cuentan con un sueldo fijo y probablemente un contrato, las ganancias obtenidas por el producto final publicado serán completamente distribuidas entre la empresa (es decir tu como fundador) y tu propio sueldo, sin obligación de crear honorarios o pagos extra a los integrantes del equipo; pero en determinados casos que el videojuego recupere por mucho lo que costó, lo más probable es que si quieras otorgar algunos beneficios a tu equipo. El segundo punto, que en algunas ocasiones puede verse como algo a favor, es la aceptación de ideas o conceptos por parte del equipo, esto quiere decir que debido a que el videojuego es de tu pertenencia y los demás integrantes únicamente trabajan para tí, las ideas finales que se verán reflejadas en el producto terminado, serán únicamente seleccionadas por tí y con tu justa dirección, sin obligación de tomar ideas del equipo en caso que no lo prefieras. Aunque este punto lo mencionamos como algo a favor, en un ámbito laboral que intenta ser profesional no suele llevarse a cabo ya que la idea del juego la fundamenta el Game Designer pero es entre todos los integrantes que comienzan los aportes para llevar una simple idea a un videojuego que genera millones cada año.

Participación

La segunda forma que tenemos como Game Designers y líderes de equipo para crear y completar nuestro equipo de diseño y desarrollo de videojuegos es a través de los contratos de participación, formato que suele llevarse a cabo en desarrolladoras indies que se encuentran en el proceso de creación de su primer título. En este caso, la idea es no requerir inversión inicial enfocada en sueldos o integrantes del equipo ya que estos contarán con un contrato que les otorgará un porcentaje de las futuras ganancias del proyecto a realizar, o en algunos casos de forma directa, ganancias de la empresa -aunque este no es tan común ni tan recomendado-. Al otorgar ganancias futuras del proyecto a realizar logramos varias cosas a la vez:

Principalmente, confianza, organización y división y mayor aceptación de ideas por parte del equipo debido a que todos quieren que el proyecto salga a la luz en su mejor versión para que de esta forma las ganancias individuales sean mayores. Pero cabe remarcar que además de este punto a favor, el hecho de trabajar por contratos de participación también genera un valor en contra y es la desmotivación de los distintos integrantes a lo largo del tiempo de desarrollo del videojuego ya que no cuentan con un motivador -económico- que los incite a avanzar día a día; para solucionar este problema el Game Designer y Scrum Master (o Project Manager si existe este título en tu equipo) deberán ser los encargados de revisar el progreso de cada integrante, motivarlos, mostrar fortalezas y debilidades y fomentar el trabajo en equipo para que de esta forma los mismos integrantes puedan motivarse entre sí.

Contratación Temporal

Esta última forma de diseñar y desarrollar un videojuego suele llevarse a cabo en pocos estudios indie de manera directa pero más adelante explicaremos la diferenciación entre la manera directa e indirecta. La contratación temporal como su nombre lo menciona, se basa en contratar a distintos integrantes para nuestro equipo con el fin de que desarrollen una cantidad de tareas específicas que usualmente no tienen una temporalidad, esto quiere decir que se contrata a un integrante -digamos un artista 2D- para que desarrolle una tarea en específico y se le paga el monto exacto por esa tarea, sin importar cuánto tiempo tarde su desarrollo.

Ahora que conoces los tres métodos de creación de equipos de desarrollo de videojuegos, permíteme comentarte algo sumamente importante. Aunque cada uno de estos métodos son eficaces y existen casos de ejemplo para cada uno lo que realmente suele utilizarse en esta industria es un método híbrido o también llamado indirecto. El método directo o simple, es el nombre que le damos en la industria a la creación de equipos con un único formato, es decir trabajando solo con una de las opciones anteriores. Por otro lado el método híbrido o indirecto se trata de la unión de más de una de estas formas de creación de equipos, lo que podemos decir como ejemplo:

Los líderes de cada campo -programación, arte y música- son llamados por participación, los integrantes que desarrollarán múltiples tareas pero no son líderes de equipo son contratados y por último los integrantes que trabajan en una actividad o funcionalidad en específico, tendrán una contratación temporal. La diferenciación entre la selección de estos métodos para cada integrante del equipo de diseño y desarrollo de videojuegos se puede deber a varias razones, entre ellas la cercanía que tengamos con este integrante (si es un amigo o familiar), la importancia que tiene para el equipo y la cantidad de tareas que debe desarrollar a la vez que el tiempo promedio que puede tardar en desarrollarlas.

XIII
Ser Game Designer

Llegamos al fin al último capítulo de este libro en el que
honestamente espero que los lectores se lleven consigo una gran
cantidad de nueva información que puedan desenvolver en su
lugar de trabajo y a través de esto crear proyectos y videojuegos
increíbles que amplíen las capacidades de esta industria.
Mencionado esto vamos a terminar con una pequeña charla
sobre ¿Cómo es ser un Game Designer?

El Problema de las 3 Puertas

En más ocasiones de las que puedo contar me han preguntado
¿Cómo es ser un Game Designer? ¿Qué haces en realidad?
¿Cómo es un día de tu trabajo? Es evidente que la gran mayoría
de las preguntas de este estilo serán provenientes de personas
no afines al mundo del desarrollo de videojuegos y en algunos
incluso de personas ajenas al mundo de la tecnología, razones
por las cuáles es aún más difícil de explicar esta labor. La

respuesta más rápida para explicar que hace un Game Designer es hablar sobre la creación de mecánicas, liderazgo de equipo y documentación, el problema entonces se presenta cuándo la persona que no conoce de este mundo nos hace estas preguntas ya que la realidad es que la idea de "mecánicas" no es un concepto de conocimiento general, es por esto que como Game Designers tenemos varias otras formas de explicar nuestro trabajo y una de las más utilizadas y didácticas para hacerlo es el *problema de las 3 puertas*.

El problema de las 3 puertas define que los Game Designers nos dedicamos de una forma resumida a responder preguntas que pueden llegar por medio de nuestro público (los jugadores), los medios, o el mismo equipo de desarrollo. Supongamos entonces que durante el desarrollo de un videojuego tenemos 3 tipos de puertas entonces todo nuestro equipo se acercará a nosotros para comenzar a formular estas preguntas a las que nosotros debemos encontrarles una respuesta lógica en tiempo real, es decir, en ese exacto momento:

- [Programador]: ¿Cómo va a abrir la puerta el jugador?

Esta pregunta, aunque muy simple, infiere no solo en la forma de programar dicha puerta sino también en qué animaciones serán necesarias, cómo deberá prepararse el modelo 3D, cómo posteriormente va a interactuar el jugador y en donde serán colocadas. Las opciones de respuesta son múltiples, podríamos decir que la abrirá de una forma normal, que la abrirá sigilosamente, que lo hará pateando la puerta con agresividad, que le disparará a un candado que la mantiene cerrada, que la romperá con un hacha o incluso que utiliza un C4 para hacerla desaparecer por completo; como es evidente por estas opciones, la respuesta correcta a cada pregunta dependerá de tu proyecto en específico y es por eso que el Game Designer debe estar listo para resolver problemas en el momento.

- [Diseñador de Niveles]: ¿Dónde pongo las puertas? Aunque parece una pregunta sencilla y con una respuesta incluso evidente, ya que podríamos decir que las puertas conectan las distintas habitaciones, puede complejizarse un poco más. Las posibles respuestas pueden definir qué tanta interacción tendrá el jugador con las puertas, que cantidad de puertas serán necesarias, si existen varios tipos de puertas (por ejemplo una de metal, otra de vidrio, otra de madera, o unas con candado y otras sin candado). Para responder esta pregunta nuevamente tendremos que estar dispuestos a resolver problemas en el momento en base a nuestro producto en específico y teniendo en cuenta la teoría de game design mencionada en capítulos anteriores.

Podríamos seguir por varias páginas mencionando más y más posibles preguntas sobre puertas pero creemos que con eso fue suficiente para comprender no sólo este problema sino también el proceso de diseño y trabajo de un Game Designer profesional.

Documentación

Otra de las labores fundamentales para un Game Designer es la documentación. Este proceso se enfoca principalmente en la preproducción de un videojuego pero puede extenderse a la producción o incluso trabajarse ligeramente en la posproducción de los mismos.

Cuándo hablamos de documentación nos referimos más que nada al GDD (Game Design Document) el cuál es un documento de diseño y desarrollo enfocado en todo lo que respecta a nuestro título. En otras palabras, no tiene un enfoque definido en una rama de trabajo o en marketing u otro razonamiento similar, la idea de este documento es entregar de forma escrita a todos los integrantes del equipo el videojuego terminado. En este documento se mencionará a través de secciones o capítulos -como el creador decida separarlo- absolutamente todo sobre el videojuego que se trabajará, desde su estilo gráfico hasta la definición de las mecánicas, las estadísticas que se tendrán en cuenta y los métodos de trabajo en término de programación. La razón de generar este documento es comunicar al resto del equipo la idea completa del videojuego de forma ordenada y en un formato y estilo que permita en caso de duda, la revisión para cualquier detalle más allá de su nivel de importancia.

Para comenzar adecuadamente a trabajar un GDD lo primero que se recomienda es la investigación del campo de trabajo, es decir comenzar mencionando un pitch, el concepto del juego, las mecánicas principales (sin contar con amplias descripciones por el momento) la plataforma objetiva, el público objetivo y toda la información que podamos proveer al equipo para que en pocas páginas podamos explicar los ¿Qué, Cómo, Cuándo, Dónde, Quién y Por qué? de nuestro videojuego.

 La idea del juego suele nacer de un proceso de brainstorming -una lluvia de ideas- en la gran mayoría de los casos y luego de atravesar los distintos filtros necesarios, como las constraints y la necesidad de metas y objetivos, es a través de estos que se garantiza su efectividad. Luego de este proceso inicial es cuándo comienza a tomar forma un pequeño GDD bebé al que solemos llamar Game Concept o High Concept en base a que tan crecidito va. Durante toda la fase de preproducción este GDD se completará de sabiduría, ética, moral, deontología, física, matemática, literatura, geografía y muchas otras materias que puedan surgir de la mente de los diseñadores. Pero cabe aclarar que este GDD no será terminado a la par que comience el proceso de producción de nuestro videojuego, ya que este documento crecerá con nosotros como nuestro pequeño bebé desde ese primer espacio de ideación a través de una lluvia de ideas entre compañeros de trabajo hasta la fase final de nuestro videojuego. A medida que todo el proceso de desarrollo avanza el GDD será cada vez más completo y su escritura será también cada vez menos requerida, esto quiere decir que mientras más completo esté el juego, menos hará falta en el GDD. A mediados del desarrollo en la etapa de producción el GDD estará casi terminado y será momento de hablar de los conceptos más complicados en la gran mayoría de los casos pero que de todos modos no infiere en todos los títulos profesionales de la industria ya que esta decisión variará en base a cada producto y sus necesidades. En este punto entonces es donde se trabaja la economía de nuestro videojuego y posteriormente se acopla al GDD para dejar por escrito todo esto que se trabaja sin descanso hasta las 5 de la mañana en una noche de sushi en las oficinas de tu equipo. El momento de trabajar la economía de nuestro videojuego puede acompañarse -y es muy recomendable- de un experto en este campo, no sólo en términos de economía sino que de ser posible, un experto en economía de videojuegos. Este integrante -o el Game Designer junto al resto del equipo en su ausencia- definirá hablando de forma muy resumida los precios que se trabajarán durante el gameplay completo, no solo haciendo referencia a los precios de los objetos comprables o intercambiables en una tienda sino también a la cantidad exacta de oro (o la moneda fiduciaria del mundo de nuestro videojuego) que podremos encontrar en un cofre, recibir al matar a un enemigo o recolectar tras haber completado una misión. Se debe tener en cuenta que la correcta o incorrecta definición de todos estos valores definirán posteriormente un gran porcentaje del feedback de nuestros jugadores debido a que la falta de oro, monedas o el tipo de cambio que sea para conseguir el arma que necesitas en el siguiente nivel puede convertirse en un punto sumamente frustrante; o por el contrario el exceso de este gustará a jugadores más tranquilos pero a los jugadores expertos en el género o los que se consideran "Gamers Profesionales", no tanto, debido a la sencilla razón de que si dicho oro siempre sobra, no tiene un razonamiento lógico de formar parte de nuestro título. Cuándo deja de ser un reto a tener en cuenta entonces los mismos jugadores nos mostrarán que ese sistema no debe existir, y si es al revés entonces nos mostrarán su enfado ante este mismo tema.

Luego de esta segunda etapa para el GDD llega la anteúltima y probablemente la más importante de las etapas pero que no cuenta con una amplia descripción que pueda ayudarte o acompañarte en este arduo proceso. La corrección de bugs o errores menores. En todos los videojuegos sin excepción debemos tener en cuenta que existen bugs y errores menores, realmente más del 90% de los videojuegos del mercado cuentan con bugs que los jugadores no reconocen como bugs debido a estar acostumbrado a estos o incluso hay situaciones o mecánicas que nacieron por error pero se quedaron por diversión. Uno de estos ejemplos aunque la gran mayoría nunca lo haya notado es la dispersión de la física realista al momento de saltar en casi cualquier videojuego, o para dar un ejemplo: en el Valorant. En el momento en que saltas en este videojuego, antes de llegar al suelo nuevamente podrás cambiar tu dirección con la cámara o el input de movimiento, por más que esta no sea una función sumamente clave para el gameplay si es algo que fue creado sin pensar pero se quedó para ser aprovechado años después en el espacio de los deportes electrónicos. Para terminar con este dato cabe aclarar que en los deportes electrónicos y más específicamente en el ámbito profesional de los videojuegos de disparos (shooters) esta mecánica de cambio de dirección en el aire se utiliza para revisar esquinas peligrosas de forma rápida, manteniéndose detrás de un muro que nos cubre la gran mayoría del tiempo.

Creación de Mecánicas

 Como diseñadores y desarrolladores de videojuegos, la creación de mecánicas es una parte esencial de nuestro trabajo. Es por esto que confiamos en tí para llevar a cabo proyectos increíbles que hagan cambiar la industria y desde nuestra parte queremos dejarte una lista de consejos y recomendaciones que puedas tener en cuenta al momento de trabajar en tus propios proyectos individuales o en un equipo de desarrollo profesional de una multinacional o el ya mencionado indie garage:

Define los objetivos y concepto del juego

Antes de comenzar a crear mecánicas específicas, es fundamental comprender los objetivos generales del juego y su concepto. Esto establecerá una dirección clara y coherente para el diseño de las mecánicas además de tener en cuenta todos los conceptos ya mencionados a lo largo del libro sobre este tema y evitando la disonancia ludonarrativa y el poder del guión.

Investigación y análisis de juegos similares

Es importante estudiar y jugar otros juegos similares al que estás diseñando. Observa las mecánicas que funcionan bien en esos juegos y considera cómo adaptarlas o mejorarlas para tu propio juego, a su vez asegúrate de analizar tanto los éxitos como los fracasos de otros juegos para aprender de ellos.

En muchas ocasiones al momento de dar esta recomendación ha surgido la duda en distintas personas de ¿Qué pasa si no encuentro un juego similar al mío? Sin la necesidad de bajar tus expectativas o simplificar la idea de tu juego debo decirte que la sencilla razón de esta pregunta es 100% imposible. La similitud entre distintos proyectos sean por género, modos de juego, tipo de juego, tipo de público, temas a tratar, categorización o plataforma es inevitable debido a la inmensa cantidad de títulos que existen actualmente en la industria y la prueba de esto es muy sencilla de tratar. Piensa en 3 o 4 juegos que hayan sido publicados en el último año y verás cómo más allá de sus diferenciaciones todos tienen cosas en común, desde la creación y personalidad de los personajes, hasta las mecánicas de juego, estilo musical, estilo gráfico, complejidad de la trama o hasta incluso el motor de videojuegos con el cual se desarrollaron.

Diseño centrado en la diversión y la interacción

Las mecánicas deben ser divertidas y fomentar una interacción significativa con los jugadores, al momento de crearlas te recomendamos pensar en cómo hacer que tus mecánicas sean interesantes, desafiantes y gratificantes. No olvides considerar elementos como la exploración, el combate, la resolución de acertijos y la toma de decisiones entre muchos otros que fueron mencionados a lo largo del libro y para mayor ayuda te recordamos la lista de deseos básicos *(Pág. 142)*.

Itera y prototipa

No esperes que tus primeras ideas de mecánicas sean perfectas, realiza iteraciones (repeticiones) y prototipos para probar y refinar tus ideas. Crea versiones simples del juego o prototipos rápidos para experimentar con diferentes mecánicas y evaluar cómo se sienten en la práctica, ¿Esto quiere decir que necesitas saber programar?. La realidad es que no es una habilidad obligatoria para un Game Designer pero el tener una base de programación te ayudará en tu trabajo para la distinción de tareas, definir tiempos de desarrollo y obviamente en el pensamiento lógico. Llegando al punto de crear prototipos puedes hacerlo directamente con el equipo o trabajar con herramientas que no requieran código para simplemente mostrar ideas simplificadas y ponerlas a prueba.

Equilibrio y ajuste

El equilibrio es clave en el diseño de mecánicas, asegúrate de que estas estén equilibradas entre sí y proporcionen un desafío adecuado para los jugadores. Haz ajustes según sea necesario para mantener la jugabilidad interesante y evitar desequilibrios o situaciones injustas. Para esto recuerda el ya mencionado estado de Flow y cómo nos puede ayudar a manejar la experiencia de nuestros jugadores durante todo el proceso de gameplay.

Progresión y curva de aprendizaje

Este punto también puede conectarse de forma directa con el estado de flow pero se refiere a diseñar tus mecánicas para que ofrezcan una progresión gradual y una curva de aprendizaje suave. Comienza con mecánicas simples y luego introduce de manera progresiva y más compleja a medida que los jugadores se vuelven más experimentados. Esto mantendrá a los jugadores comprometidos y evitará abrumarlos al principio.

Prueba y recopilación de feedback

Recuerda que al momento de desarrollar un videojuego el feedback es un elemento crucial debido a que una simple idea puede sonar absurda en concepto pero ser perfecta en un formato práctico, el caso más obvio para ejemplificar esto es la sencilla idea del videojuego Mario Bros el cuál llevándose a palabras simples es un fontanero (o plomero) que salva a una princesa de una bestia que se asemeja a una tortuga que a su vez está enamorado de dicha princesa. Además en la historia tenemos flores que lanzan fuego, y hongos que al comerlos Mario crecerá de tamaño. Con esto en mente, realiza pruebas de tus juegos con regularidad y recopila comentarios de jugadores, testers o sencillamente distintos integrantes del equipo de desarrollo. Observa cómo interactúan con tus mecánicas y toma nota de sus comentarios y sugerencias. Esto te ayudará a identificar posibles problemas y áreas de mejora en tu diseño.

Innovación y riesgo

No temas explorar nuevas ideas y mecánicas originales. La innovación es fundamental para destacar en la industria de los videojuegos. No te limites a las convenciones establecidas y atrévete a probar cosas nuevas, siempre y cuando estén en línea con la visión y los objetivos de tu juego.

Documentación y comunicación de las mecánicas

Mantén una documentación clara y detallada de todas tus mecánicas de juego. Esto te ayudará a tener una referencia fácil de seguir durante el desarrollo del juego y también será útil para comunicarte con el equipo de desarrollo, artistas y programadores.

Retroalimentación temprana

No esperes hasta que las mecánicas estén completamente desarrolladas para obtener retroalimentación. Comparte tus ideas tempranamente con otros diseñadores de juegos o personas de confianza para obtener diferentes perspectivas y sugerencias valiosas que puedan enriquecer tu diseño, es en este punto donde el Game Designer en cuestión requerirá una comunicación efectiva entre otras habilidades mencionadas en el capítulo de Liderazgo.

Recuerda que el diseño de mecánicas de juego es un proceso creativo y continuo. Mantén una mente abierta, experimenta y no tengas miedo de iterar y mejorar tus ideas, ten en cuenta que "casarse" con la primera idea que tuviste puede ser un factor destructivo para el proceso completo de tu videojuego y su futura caída en ventas. La continuidad y crecimiento de las ideas es como mencionamos múltiples veces, un factor decisivo para la creación de videojuegos inolvidables.

Apéndice

En fecha de publicación de este contenido y tratándose de esta segunda edición, es cierto que existen muchos otros temas de los que no hablamos, sea por tratar de concretar todos los puntos mencionados sin dejar dudas o marear a los lectores o por su complejidad. Varios de los conceptos no mencionados a lo largo del libro como puede ser *la dificultad* en los videojuegos, la creación de mundos procedurales y el significado concreto de "procedural" o como realmente se dice "procedimental", no fueron mencionados debido a que no son una teoría concreta y explicable de un solo método; estos términos y varios más se encuentran a la fecha en formato de debate, siendo criticados por algunos diseñadores y avalados por otros, no en cuánto a su existencia sino más bien en cuánto a su funcionalidad y eficiencia.

Es por esto que decidimos trabajarlos y expresar todo nuestro conocimiento en estos temas "polémicos" en un segundo libro, el hijo menor de Lógica de Game Designer:

- "Debates y Potenciadores del Diseño de Videojuegos"

En dónde también trabajamos otros conceptos más actuales como la utilización de inteligencias artificiales para el proceso de desarrollo y para el diseño de videojuegos completos, seccionados o cómo herramienta para la exploración de los usuarios.

Epílogo

Hemos llegado al final de este hermoso camino para convertirte de lo que probablemente eras, un jugador experimentado con ansias de aprender de la industria, a un Game Designer encaminado hacia la creación de mecánicas, conceptos, ideas, sistemas y personajes increíbles completamente fundamentados por la teoría explicada en este libro, la práctica que te dará la creación de un equipo y las habilidades y conocimientos de liderazgo que te llevarán, en un futuro, a ser un Game Designer de éxito.

No olvides que el diseño y desarrollo de videojuegos o en su defecto de juegos en cualquier otro formato, es un proceso en su gran mayoría de casos extenso y que consta de varios procesos que deben cumplirse al pie de la letra para dar por finalizado un producto profesional que puede llevarnos a la fama como verdaderos diseñadores de juegos, más allá de si estos se presentan como una idea propia, o para una multinacional, no olvides que el equipo de desarrollo es de ahora en adelante tu mano derecha para todo lo que necesites, y tú como diseñador de videojuegos también eres su principal fuente de información.

Por nuestra parte nos alegra haber sido parte de tu proceso de crecimiento y esperamos que toda esta información no caiga en el vacío del meme de Kirby o el pingüino de Mario Bros y por el contrario te lleve a explotar todas tus capacidades junto a tu nueva y experimentada Lógica de Game Designer.

Bibliografía

Marios Bros, *18*

Sonic The Hedgehog, *18*

The Legend of Zelda: Ocarina of Time, *24*

Overcooked, *38*

Goat Simulator, *39*

Crash Bandicoot, *40*

Naughty Dog: Compañía de Videojuegos, *41*

Super Mario 64, *41*

God of War, *42*

Pokémon Rubí y Zafiro, *43*

Tomb of the Mask, *44*

The Legend of Zelda, *44*

Metal Gear Solid, *46*

Uncharted, *46*

Street Fighter I y II, *49*

Takashi Nishiyama: Diseñador y Programador, *49*

Aicom: Compañía de Videojuegos, *50*

Until Dawn, *52*

No Man's Sky, *54*

The Last of Us, *57*

Pokémon Crystal Edition, *65*

The Legend of Zelda: Breath of the Wild, *65*

GTA V, *66*

www.ingramcontent.com/pod-product-compliance
Lightning Source LLC
LaVergne TN
LVHW051333050326
832903LV00031B/3508